建築士業務の紛争・保険・処分事例

刊行に当たって

　1970年代のマンションブームの中で発生した欠陥マンション問題、その後、阪神淡路大震災を経て戸建住宅まで含む欠陥住宅に関する紛争が増え、そして現在も、欠陥建築をめぐる建築紛争は絶えません。欠陥建築をめぐる紛争は医療事故をめぐる紛争と同様、専門的な情報が乏しい発注者、一般消費者に対する、専門家としての建築士の責任が厳しく問われるような問題となりつつあります。
　そして、2005年の構造計算書偽装事件後の建築基準法及び建築士法の改正では、それらの違反に係わる処分の一層の厳罰化が図られるようになり、設計・工事監理を独占業務とする法定資格者である建築士に、法令遵守の責任が厳しく問われるようになってきました。

　(公社) 日本建築士会連合会は、2008年に国土交通省から建築士の中央指定登録機関に指定され、その後、各地域の建築士会は都道府県指定の登録機関に指定されてきており、行政からの事務的業務委託を受け、公的な機関としての使命も担うようになってきました。社会的な役割が増すなかで、建築士会は一般消費者からの建築士への苦情相談や、建築士が日常的に遭遇する問題にも対処していくため、相談窓口や情報提供の充実が求められるようになってきました。
　2009年4月、(公社) 日本建築士会連合会は、制度本委員会に建築士業務責任検討部会（委員長大森文彦弁護士）を設け、民事裁判の判決事例、調停事例、相談事例などの紛争事例と法令違反に関わる行政処分事例を調査検討し、そこから学ぶべきことを2011年「建築士業務の責任と処分」として取りまとめ刊行しました。
　その後も建築に係る紛争は多様化するとともに増え続け、法に基づく建築士への処分も運用の厳格化の時代を迎え、変わりつつあります。2013年、その内容を全面的に見直し、紛争事例と処分事例に、保険事例を加えて、事例を中心に書き改め、「建築士業務の紛争・保険・処分事例」として新たに刊行することとしました。
　紛争事例では、実際の事案70例をもとに、そこから学ぶべきことに注目した仮想の事案を作成し、争いのポイントの解説と、同様な争いを起こさないために、事案から学ぶべきことをトラブル回避策として記しています。さらに、争いの解決の判断の根拠となる法令や契約約款などの該当部分を付記して参照できるようにしました。
　保険事例では、(公社) 日本建築士会連合会の建築士賠償責任保険（けんばい）の事故事例19例をもとにその概要をイメージとしてまとめています。建築の事故時に適用される建築設計監理者を対象とした保険の適用事例は、いままでまとめて公表されたことがなかったもので、本書ではじめて紹介するものです。
　建築関連法令違反の行政処分は、一級建築士については国土交通省で、二級・木造建築士については都道府県で行われています。ここでは、平成18年（2006）度から平成25年（2013）度の最近8年間にわたる一級建築士の処分事例約350例の中から143例について、処分事由の傾向ごとに事例を紹介し、建築士が普段気をつけるべきこと、間違った場合の処分が示唆されるものとしました。

　建築士が業務の上で責任を問われた事例をもとに、建築紛争などを起こさないよう、法令違反を犯さないよう、業務上特に注意しなければならないことを取りまとめた事例集として、本書を刊行します。本書は、一般の書籍として提供するとともに、建築士の実務に生かしていただけるよう、建築士の研修（CPD）における重要な研修科目としての活用を予定しています。

公益社団法人　日本建築士会連合会

総目次

PART 1 建築士の法的責任と義務

はじめに……………………………………………………………………………… 2
目　次………………………………………………………………………………… 3
1．法的責任のあらまし…………………………………………………………… 4
2．民事責任のあらまし…………………………………………………………… 5
3．契約のあらまし………………………………………………………………… 6
4．設計契約について……………………………………………………………… 8
5．工事監理契約について………………………………………………………… 10
6．再委託契約について…………………………………………………………… 11
7．事務所開設者の建築士法上の義務…………………………………………… 13
8．建築士の建築士法上の義務…………………………………………………… 15

PART 2 建築士業務の紛争事例

はじめに……………………………………………………………………………… 18
目　次………………………………………………………………………………… 20
A．設計者に係る紛争等の事例−事例1〜25 ………………………………… 25〜49
B．監理者・工事監理者に係る紛争等の事例−事例26〜40 ………………… 50〜64
C．建築士事務所に係る紛争等の事例−事例41〜50 ………………………… 65〜74
D．工事施工者に係る紛争等の事例−事例51〜60 …………………………… 75〜84
E．建築主等に係る紛争等の事例−事例61〜67 ……………………………… 85〜91
F．その他の紛争等の事例−事例68〜70 ……………………………………… 92〜94

PART 3　建築士業務の保険適用事例

　　はじめに……………………………………………………………………96
　　目　次………………………………………………………………………97
　　1．建築士業務を守る保険制度……………………………………………98
　　2．保険によるトラブル解決事例………………………………………… 102
　　3．建築士賠償責任補償制度の課題……………………………………… 107

PART 4　建築士の処分事例

　　はじめに…………………………………………………………………… 112
　　目　次……………………………………………………………………… 113
　　1．建築士の処分とは……………………………………………………… 114
　　2．懲戒処分の内容とその傾向…………………………………………… 116
　　3．処分事例の処分事由の傾向とその注意点…………………………… 120

参考資料

　　建築士法（抜粋）………………………………………………………… 146
　　建築基準法（抜粋）……………………………………………………… 155
　　建設業法（抜粋）………………………………………………………… 158

〔凡　例〕
本書における法令、約款類の内容現在は次のとおりです。

1．法令類
　　建築基準法　　　　　　　昭和25年5月24日法律第201号
　　　　　　　　　　　　　　最終改正平成25年6月14日法律第44号
　　建築基準法施行規則　　　昭和25年11月16日建設省令第40号
　　　　　　　　　　　　　　最終改正平成25年10月9日国土交通省令第87号
　　建築士法　　　　　　　　昭和25年5月24日法律第202号
　　　　　　　　　　　　　　最終改正平成25年6月14日法律第44号
　　建設業法　　　　　　　　昭和24年5月24日法律第100号
　　　　　　　　　　　　　　最終改正平成25年6月14日法律第44号
　　民法　　　　　　　　　　明治29年4月27日法律第89号
　　　　　　　　　　　　　　最終改正平成25年12月11日法律第94号

2．約款類
　　民間(旧四会)連合協定工事請負契約約款　　　　　　　平成23年5月改正
　　四会連合協定建築設計・監理等業務委託契約約款　　　平成21年7月改正

PART 1

建築士の法的責任と義務

PART 1　建築士の法的責任と義務

はじめに

　建築士は、その業務を行うに当たり、様々な法的義務が課されていますが、こうした法的義務は、業務を進める上でのルールです。従って、ルールを守ることが重要であることは当然ですし、ルールを正確に理解しないで業務を進めれば、それなりの制裁が加えられるということもいうまでもありません。

　ところが、現実を見ると、建築士として業務を一生懸命行ってはいるものの、建築士に課せられた法的義務を必ずしもクリアできているとはいえない場面に遭遇することがあります。つまり、現実には、一生懸命業務を行ったにもかかわらず、法的義務に違反し、法的制裁を加えられるリスクを背負っているといっても過言ではありません。

　こうした事態を改善するには、何よりも建築士が負っている法的義務の内容と法的責任の内容をよく理解した上で業務を進めることが必要です。

　そこで、ここでは、まず建築士が負う法的責任の種類を説明し、次いで民事責任を中心に説明しますが、民事責任においては、契約責任と不法行為責任が重要です。一方、建築士の業務は、「設計」と「工事監理」が中核業務です。そこで両業務に関して、契約責任と不法行為責任について、建築士法上の規定との関係を意識しつつ説明することにします。また、PART 1 を読むことで、PART 2 以降の説明がより理解できるようになると思われます。

目　次

1. 法的責任のあらまし ………………………………………………………………… 4
    1-1. 法的責任の種類 ………………………………………………………………… 4
    1-2. 民事責任 ………………………………………………………………………… 4
    1-3. 刑事責任 ………………………………………………………………………… 4
    1-4. 行政処分 ………………………………………………………………………… 4
    1-5. 具体例 …………………………………………………………………………… 4
2. 民事責任のあらまし ………………………………………………………………… 5
    2-1. 契約責任 ………………………………………………………………………… 5
    2-2. 不法行為責任 …………………………………………………………………… 5
3. 契約のあらまし ……………………………………………………………………… 6
    3-1. 契約 ……………………………………………………………………………… 6
    3-2. 契約の成立 ……………………………………………………………………… 6
    3-3. 契約の成立に関連する建築士法 ……………………………………………… 6
    3-4. 契約の効果 ……………………………………………………………………… 7
    3-5. 契約の解消 ……………………………………………………………………… 7
4. 設計契約について …………………………………………………………………… 8
    4-1. 設計契約と建築士法上の制約 ………………………………………………… 8
    4-2. 設計契約の当事者と設計者 …………………………………………………… 8
5. 工事監理契約について ………………………………………………………………10
    5-1. 工事監理契約と建設士法上の制約 ……………………………………………10
    5-2. 工事監理契約と監理契約 ………………………………………………………10
6. 再委託契約について …………………………………………………………………11
    6-1. 委託契約と請負契約 ……………………………………………………………11
    6-2. 建築士法上の「委託」、「受託」と設計・監理契約の法的性質 ……………11
    6-3. 建築士法上の再委託制限 ………………………………………………………12
7. 事務所開設者の建築士法上の義務 …………………………………………………13
8. 建築士の建築士法上の義務 …………………………………………………………15

1 法的責任のあらまし

1．法的責任のあらまし

1-1．法的責任の種類

　　法的責任とは、一般的に法律上の不利益や制裁を負わされることを広く意味します。法律上の不利益や制裁を負わされる場合としては、一般に、民事責任と刑事責任が考えられますが、本稿ではこれ以外にも行政法規に違反した場合に受ける不利益な処分（ここでは「行政処分」と呼びます）も含めて考えることにします。

1-2．民事責任

　　民事責任は、国民同士の関係で負う私法上の責任であり、基本的には、損害賠償責任（金銭の支払義務）です。民事責任には、契約に基づく責任（ここでは「契約責任」と呼びます）と不法行為に基づく責任があります。例えば、設計業務や工事監理業務の契約を締結した場合、契約当事者は契約責任を負います。また不法行為責任は、契約で業務を引き受けている、いないに関係なく負う責任です。

1-3．刑事責任

　　刑事責任は、国家との関係で負う公法上の責任であり、国家から刑罰が科される場合をいいます。

1-4．行政処分

　　行政処分としては、例えば、建築士が建築士法に違反した場合の、戒告、業務停止命令、建築士事務所閉鎖命令、建築士免許取消し、事務所登録取消しなどがあります（建築士法第9条、第10条、第26条など）が、こうした行政処分は、公法である建築士法に基づいてなされる処分です。

1-5．具体例

　　例えば、設計者の過失が原因で建物利用者が怪我をしたというケースを想定してみます。この場合、設計者はどのような責任を負うかといえば、まず、民事責任としては、利用者に対して不法行為に基づく損害賠償責任（民法第709条）が考えられます。もし支払わなければ、利用者は訴訟で判決を得て、差押え等の強制執行手続きにより責任を追及することになります。

　　また、刑事責任としては、業務上過失致傷罪（刑法第211条）の成立が考えられ、もし成立すれば、5年以下の懲役か禁錮又は100万円以下の罰金が科せられます。

　　さらに、過失の程度、内容により、建築士法に基づく業務停止・免許取消しなどの処分がなされる可能性もあります。

　　このように、一つの行為に対し、様々な法的責任が生じることに十分留意する必要があります。

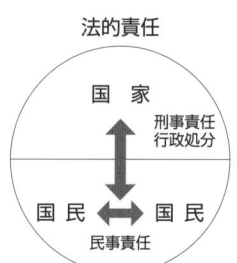

2 民事責任のあらまし

2．民事責任のあらまし

民事責任としては、契約責任と不法行為責任が重要です。そこで、ここでは両責任のあらましを説明します。

2-1．契約責任

契約責任は、契約した者（契約当事者）が相手に対して負う責任です。契約当事者は、契約内容通りに実現する義務を負います。もし契約に違反した場合、契約責任内容を定めていれば、それに従って責任を負います（例えば、修補、一定額の金銭の支払いなど）。仮に契約で定めていない場合でも、故意、過失など自らの責めに帰すべき事由（帰責事由）によりその義務に違反して相手に損害を与えた場合、その損害を賠償する責任を負うことになります（損害賠償責任は、原則として金銭による賠償です）。

従って、設計業務や工事監理業務に関する契約を締結して業務を引き受けた者は、建築主に対して、原則として引き受けた業務を最後まで遂行する義務を負い、もしその義務に違反して建築主に損害が生じた場合には、契約に定めた内容の責任を負い、契約に定めがなくても損害賠償責任が問題になります。

2-2．不法行為責任

不法行為責任は、他の国民（契約関係にあるないを問わない）に対する責任（一般的には損害賠償責任）です。およそ国民は、他の国民の権利や法的利益を侵害しないように注意する義務を負っていると考えられるため、その義務に違反して、他人に損害（財産上及び精神上）を与えた場合、その損害を賠償する責任を負うことになります。この場合の責任は、基本的に金銭による賠償です。

つまり、建築設計業務や工事監理業務を行う者は、契約相手だけではなく、建物利用者、周辺住民、建物購入者らに対してもその権利や法的利益を侵害しないように注意する義務を負っており、その義務に違反して損害を与えた場合には損害賠償責任を負うことになります。

ただ、この点に関しては注目すべき最高裁判所の判決（最判平成19年7月6日）がありますので、紹介します。この判決は、「建物の建築に携わる設計者、施工者及び工事監理者（以下、併せて「設計・施工者等」という。）は、建物の建築に当たり、契約関係にない居住者等に対する関係でも、当該建物に建物としての基本的な安全性が欠けることがないように配慮すべき注意義務を負うと解するのが相当である。そして、設計・施工者等がこの義務を怠ったために建築された建物に建物としての基本的な安全性を損なう瑕疵があり、それにより居住者等の生命、身体又は財産が侵害された場合には、設計・施工者等は、不法行為の成立を主張する者が上記瑕疵の存在を知りながらこれを前提として当該建物を買い受けていたなど特段の事情がない限り、これによって生じた損害について不法行為による賠償責任を負うというべきである。」といっておりますが、今後は「基本的安全性」や設計者等の注意義務の具体的な内容が問題になると思われます。なお、関連する最高裁判所の判決（最判平成23年7月21日）があり、そこでは「基本的な安全性を損なう瑕疵」について詳しく述べています。

なお、たとえ設計業務や工事監理業務の契約を締結していなくても、建築士の立場で行動した結果として、他人に損害を与えた場合に、不法行為責任を負うことがあるので注意が必要です。

3 契約のあらまし

3．契約のあらまし

ここでは、契約の一般的かつ基本的な事項に関して簡単に説明します。

3-1. 契約

契約とは、法的には、当事者間の対立する意思表示がその内容において一致することをいいます。簡単にいえば、当事者間である法的な約束をすることですが、どのような内容の約束をしようが、誰と約束をしようが、どのような方式を採用しようが原則として自由です。これを「契約自由の原則」といいます。「原則として」といったのは、例外があるからです。例えば、公序良俗に反するような内容の約束まで認められているわけではありません。ただ、そういった例外を除き、契約は、基本的に契約当事者同士で自由に決めることが出来るものです。

3-2. 契約の成立

契約は、意思表示の合致ですから、当事者同士の口頭の合意で成立します。明示の合意だけでなく、他の言動を総合的に判断して「黙示の合意」があったとして、契約の成立が認められることもあります。契約書は、後日、契約が成立した、しないの争いになった場合の証拠としての意味を持ちますが、契約書がないからといって契約がまだ成立していないとは限りません。

3-3. 契約の成立に関連する建築士法

上述したように、契約書の存在と契約の成立は必ずしも一致しません。もう少しいうと、自分で意識しないうちに契約が成立していることも十分にあり得ます。

従って、建築士法との関係で、契約書に押印する直前に重要事項説明（建築士法第24条の7）をすればいいとか、契約書を作成しない限り、書面を交付する義務（建築士法第24条の8）はないと考えることはリスクが高すぎます。知らない間に契約が成立し、結果的に建築士法の重要事項説明義務（建築士法第24条の7）や書面交付義務（建築士法第24条の8）に違反していることも当然あり得る話だからです。例えば、当事者間でトラブルになり、委託者側は契約の成立を主張し、建築士側は契約の成立を否定していても、後日判決で契約の成立が認められたりすることがありますが、そのような場合、当然書面など交付していませんから、建築士法違反のリスクがあります。

こうした事態を防ぐには、できるだけ早い時期に契約を成立させるか否かを決めるべきです。もし契約を成立させたい、すなわち報酬を貰いたいなら、できる限り早期に契約書を作成するべきです。一方、まだ契約を成立させるつもりはない、すなわち現時点で相手が嫌だといえば、それまでかかった費用を貰うつもりもない、というのであれば、当然契

約書を作成する必要はありませんが、前述したように、相手の方で契約が成立していると信じているケースもあり、そのような場合、思わぬ不利益を被ることがありますので、契約の成否をはっきりさせないまま、長い間、打ち合せ等を行うことは避けるべきです。

3-4. 契約の効果

すでに述べたとおり、契約が成立すると、各人には約束した内容通り実現する法的義務が生じます。例えば、設計契約でいえば、建築主には報酬支払義務が発生し、設計の受託者には設計遂行義務が発生します。

また、仮に契約に違反した場合、契約で定めた責任が生じます。仮に契約で定めていない場合でも、一定の要件のもと、損害賠償等の責任が生じるだけでなく、その契約を解除することも可能ですが、詳しい内容は専門的になりますので、ここでは省略します。

3-5. 契約の解消

契約内容が実現されれば、基本的に契約関係は消滅します。また、勝手に契約関係を解消することは出来ませんが、契約を解消する方法（こうした契約の解消を法的には「契約解除」と呼んでいます）が大別して三つあります。一つは、契約を解消するという新たな契約を締結すれば解消します。二つ目は、契約締結時に契約を解消出来る事由を決めておけば、その事由が発生すれば解消できます。三つ目は、たとえこうした定めがなくても、法律上一定の事由があれば契約を解消できます。

4 設計契約について

4．設計契約について

4-1．設計契約と建築士法上の制約

　　設計契約は、設計に関する契約ですので、契約としての一般論は前記3．に述べたとおりです。しかし、設計契約に関しては、一般の契約と異なり、「契約の成立と建築士法の関係」で述べたことを含め、建築士法の規定による様々な制約が生じていますので注意が必要です。以下、いくつか取り上げて説明します。

① 契約当事者は、個人でも法人でも構いません。また、個人の場合、建築士でなくても構いません。しかし、建築士法上、設計の受託者は、必ず「建築士事務所の開設者」でなければなりません（建築士法第23条の10、第23条の3第1項）。開設者は、法人の場合も、個人の場合もあります。

② ただ、建築士事務所には登録が必要です（建築士法第23条、第23条の10）。

③ 仮に建築士事務所としての登録がないままに契約を締結し、業務報酬を得た場合、建築士法違反として、1年以下の懲役又は100万円以下の罰金が科されます（建築士法第38条第9項）。

④ なお、すでに述べたように、建築士事務所の開設者は契約を締結しようとするときは、契約を締結する「前」に、重要な事項について、所属の建築士をして、建築主に書面を交付の上、説明させなければなりません（建築士法第24条の7）。これに違反して、何の説明もせずに、あるいは説明はしたが書面を交付しなかった場合には、設計契約自体の民法上の有効性はともかくとして、事務所の閉鎖や事務所登録の取消しなどの不利益処分を覚悟しなくてはなりません（建築士法第26条第2項第3号）。

⑤ さらに、契約を締結した「後」は、遅滞なく必要事項を記載した書面を建築主に交付しなくてはなりません（建築士法第24条の8）。これに違反した場合には、事務所の閉鎖、事務所登録の取消しなどの不利益処分（建築士法第26条第2項第3号）のほか、30万円以下の罰金が科せられる（建築士法第41条第12項）ことがあります。

4-2．設計契約の当事者と設計者

　　前述のように、設計契約の当事者は、建築士事務所の開設者であり、個人でも法人でも構いません。基本的に、契約を締結する当事者は、建築士事務所の開設者でありさえすれば、それ以上に建築士の資格を必要としないと考えられます。（個人として契約する場合、その個人が建築士である必要があるか否かについては若干検討の余地もありますが、法人の場合は代表者が建築士である必要はありません。）

　　しかし、実際の設計は、契約者としての建築士事務所又は再委託先の建築士事務所に所属する「建築士」が行わなければなりません。

このように、設計契約を締結して、設計業務を行うことを約束する者（契約当事者としての建築士事務所の開設者）と設計業務を実際に行う者（設計者としての建築士）が異なることは何ら問題がありません。

　従って、設計契約上の責任を負うのは、契約当事者（事務所の開設者）であって、実際に設計を行う建築士（設計者）ではありません。例えば、事務所の開設者が設計者と同一人である場合もありますが、たとえそのような場合でも、契約上は事務所の開設者の立場で責任を負うのであって、設計者の立場で責任を負うわけではありません。

　一方、設計にミスがあって、そのために通行人など契約関係にない第三者が怪我をしたような場合、その第三者に対し、実際に設計を行った建築士は、設計者として不法行為責任（民法第709条）を負うことがあります。なお、この場合、事務所の開設者も第三者に対して使用者としての不法行為責任（民法第715条）を負うと考えられます。

5 工事監理契約について

5．工事監理契約について

5-1．工事監理契約と建築士法上の制約

　工事監理契約は、建築士法上定められた「工事監理」に関する契約ですが、契約としての一般論は前記3．で述べたとおりです。また、建築士法により、契約当事者、建築士事務所登録、重要事項説明、契約成立後の書面交付義務等、設計契約と同様の制約がされています。

　さらに、工事監理契約の当事者（建築士事務所の開設者）と実際に工事監理を行う者（工事監理者）との関係についても、設計の場合と同様です。すなわち、契約責任は、契約当事者である建築士事務所の開設者が負い、工事監理を行う建築士個人（工事監理者）が負うわけではありません。しかし、第三者に対しては、建築士も事務所の開設者も不法行為責任を負う場合があります。

5-2．工事監理契約と監理契約

　「工事監理」や「監理」という用語は、若干混乱して使用されています。厳密にいえば、「工事監理」は、建築士法上に定義された用語です。すなわち、工事監理とは、「その者の責任において、工事を設計図書と照合し、それが設計図書の通りに実施されているかいないかを確認すること」（建築士法第2条第7項）をいいます。この工事監理は、一定の建築物について必ず行わなければなりません。従って工事監理は、法定業務といえます。

　一方、「監理」は、建築士法上の用語ではありません。実務上、工事監理だけでなく、それ以外の業務、つまりプラスα業務も含めて表現することが多いと思われます。ちなみに、プラスα業務は、監理契約で定められた場合に限って生じる業務です。従って法定業務ではありません。

6 再委託契約について

6．再委託契約について

6-1．委託契約と請負契約

　「委託契約」と「請負契約」は違うという人がいますが、そもそも委託契約という用語の使い方が正確ではありません。民法上、典型的な契約として掲げられているものの中には、委託契約という契約はありません。たしかに「委託」という用語は、民法上使われています（例えば「委任契約」もしくは「準委任契約」）が、意味としては、「依頼すること」です。しかし、請負契約も相手に仕事の完成を依頼する契約ですから、「依頼する」という点においては、委任契約や準委任契約と請負契約とで変わりはありません。

　ですから、設計契約や工事監理契約において、「委託」という用語や「委託契約」という表題を使用しているか否かが問題ではなく、あくまで契約の内容が準委任契約の内容となっているか、それとも請負契約の内容になっているのかが問題となることに十分留意して下さい。

　具体的には、例えば、責任のあり様について、瑕疵があれば修補及び損害賠償の責任を負うというのであれば、設計者に過失がなくても責任を負う無過失責任ですので、請負契約に極めて近付きます。しかし、設計者に過失があったとき、例えば、設計者が善管注意義務（善良なる管理者としての注意）を怠ったと評価されるときに損害賠償責任を負うというのであれば、準委任契約です。ちなみに、四会連合協定建築設計・監理等業務委託契約約款では、瑕疵があれば修補及び損害賠償の責任を負うが、設計者が過失のないことを立証したときは責任を免れることになっていますので、過失責任としての準委任契約を基本にしていると考えられます。

6-2．建築士法上の「委託」、「受託」と設計・監理契約の法的性質

　建築士法上、「委託」や「受託」という用語が使用されていますが、「請負」という用語は使用されていません。

　おそらく、工事監理契約については、準委任契約であることはほぼ争いがないため、「委託」「受託」という用語しか使えないこと、一方、設計契約については準委任契約か請負契約か争いはあるものの、実務上、伝統的に「委託」「受託」という用語を使用してきていることが影響しているのではないかと推測されます。

　ところで、「委託」や「受託」は、「相手に依頼すること」や「依頼を引き受けること」を意味します。例えば、重要事項説明の条文中に「設計や工事監理の委託を受けることを内容とする契約（以下それぞれ「設計受託契約」又は、「工事監理受託契約」という。）を建築主と締結しようとするときは…」（建築士法第24条の7）とあります。しかし、「委託」や「受託」という文言が使われているから準委任契約であり、従って建築主との間で

設計や監理を「請け負う」という契約、すなわち請負契約にすれば同条の適用がない、ということにはなりません。たとえ請負契約にしたとしても同条の適用があります。つまり、建築士法上の「委託」、「受託」文言と、設計・監理契約の法的性質の問題（準委任か請負か）は直接の関係はありません。

6-3. 建築士法上の再委託制限

ところで、建築士法上、再委託について制限があります。すなわち、建築士事務所の開設者は、たとえ委託者の許諾を得た場合であっても、頼まれた設計又は工事監理を建築士事務所の開設者「以外の者」に委託することはできません（建築士法第24条の3第1項）。

つまり、いったん引き受けた設計や工事監理を一部でも他人に頼もうとするときは、たとえ再委託の相手が建築士の資格を有していても、建築士「個人」に頼むことは出来ません。

また、業務の一部を再委託する場合、委託者の許諾は必要ありませんが、全部を再委託するには委託者の許諾が原則必要です。例外的に、共同住宅の新築工事等政令で定めるものについては、たとえ委託者の許諾があっても一括して再委託することは出来ません（建築士法第24条の3第2項）。

ちなみに、四会連合協定建築設計・監理等業務委託契約約款では、たとえ業務の一部の委託であっても委託者の承諾を必要としています。契約当事者の信頼を維持し、無用のトラブルを防止するためです。

7 事務所開設者の建築士法上の義務

7．事務所開設者の建築士法上の義務

「建築士事務所の開設者」とは、建築士法第23条の３第１項の規定によって建築士事務所について登録を受けた者をいいます（建築士法第23の５）が、この開設者には以下のような義務が課せられています。

① 開設者は、事業年度ごとに設計等の業務に関する報告書を作成し、毎事業年度経過後３ヶ月以内に都道府県知事に提出しなければなりません（建築士法第23条の６）。

② 開設者は、建築士事務所を管理する専任の建築士を置かねばなりません（建築士法第24条第１項）。

③ 開設者は、自己の名義をもって、他人に建築士事務所の業務を営ませてはなりません（建築士法第24条の２）。

④ 前記６．でも述べたように、開設者は、たとえ委託者の許諾を得ても建築士事務所の開設者以外の者に設計又は工事監理を委託することは出来ませんし、共同住宅の新築工事等一定の場合、全部を委託することは出来ません（建築士法第24条の３）。

⑤ 開設者は、事務所の業務に関する事項を記載した帳簿や図書について、保存等の義務があります（建築士法第24条の４）。

⑥ 開設者は、事務所において、公衆の見やすい場所に標識を掲げる義務があります（建築士法第24条の５）。

⑦ 開設者は、一定の書類を備え置き、設計等を委託しようとする者の求めに応じ、閲覧させる義務があります（建築士法第24条の６）。

⑧ 開設者は、設計契約又は工事監理契約を建築主と締結しようとするときは、あらかじめ、当該建築主に対し、事務所に属する建築士をして、各契約の内容及びその履行に関する一定の事項について、書面を交付して説明をさせる義務があります（建築士法第24条の７第１項）。記載すべき一定の事項は、次の１）～６）です。
 １）設計受託契約にあっては、作成する設計図書の種類
 ２）工事監理受託契約にあっては、工事と設計図書との照合の方法及び工事監理の実施の状況に関する報告の方法

3）当該設計又は工事監理に従事することとなる建築士の氏名及び建築士の種類（一級、二級、木造）また、構造設計一級建築士又は設備設計一級建築士である場合にあっては、その旨

4）報酬の額及び支払いの時期

5）契約の解除に関する事項

6）前各号に掲げるもののほか、次のⓐ～ⓕ

 ⓐ 建築士事務所の名称及び所在地

 ⓑ 建築士事務所の開設者の氏名（当該建築士事務所の開設者が法人である場合にあっては、当該開設者の名称及びその代表者の氏名）

 ⓒ 設計受託契約又は工事監理受託契約の対象となる建築物の概要

 ⓓ 業務に従事することとなる建築士の登録番号

 ⓔ 業務に従事することとなる建築設備士がいる場合にあっては、その氏名

 ⓕ 設計又は工事監理の一部を委託する場合にあっては、当該委託に係る設計又は工事監理の概要並びに受託者の氏名又は名称及び当該受託者に係る建築士事務所の名称及び所在地

なお、管理建築士等は、重要事項の説明をするときは、建築主に対して、建築士の免許証、又は免許証明書を提示しなければなりません（建築士法第24条の7第2項）。

⑨ 開設者は、設計受託契約又は工事監理受託契約を締結したときは、遅滞なく、一定の事項を記載した書面を当該委託者に交付しなければなりません（建築士法第24条の8第1項）。記載すべき一定の事項は、次の1）～4）です。

1）重要事項の場合の1）～6）

2）設計又は工事監理の種類及び内容（重要事項の場合の1）～6）を除く）

3）設計又は工事監理の実施の期間及び方法（重要事項の場合の1）～6）を除く）

4）1）～3）に掲げるもののほか、次のⓐとⓑ

 ⓐ 契約の年月日

 ⓑ 契約の相手方の氏名又は名称

8 建築士の建築士法上の義務

8．建築士の建築士法上の義務

建築士個人にも、以下のような義務が課せられています。

① 建築士は、設計を行う場合においては、設計に係る建築物が法令又は条例の定める建築物に関する基準に適合するようにしなければなりません（建築士法第18条第1項）。

② また、設計の委託者に対し、設計の内容に関して適切な説明を行うように努めなければなりません（建築士法第18条第2項）。

③ 建築士は、他の建築士の設計した設計図書の一部を変更しようとするときは、原則として、当該建築士の承諾を求めなければなりませんが、承諾を求めることの出来ない事由があるとき、又は承諾が得られなかったときは、自己の責任において、その設計図書の一部を変更することが出来ます（建築士法第19条）。

④ 建築士は、設計を行った場合や設計図書の一部を変更した場合、設計図書に建築士である旨の表示をして記名及び押印をしなければなりません（建築士法第20条第1項）。

⑤ 一定の建築物の構造設計や設備設計について、構造設計一級建築士や設備設計一級建築士は、構造関係規定や設備関係規定への適合性について確認しなければなりません（建築士法第20条の2、第20条の3）。なお、構造については、上記建築物以外の建築物について構造計算によって建築物の安全性を確かめた場合においては、遅滞なく、その旨の証明書を設計の委託者に交付しなければなりません（建築士法第20条第2項）。

⑥ 建築士は、工事監理を行う場合は、工事が設計図書の通りに実施されていないと認めるときは、直ちに、工事施工者に対して、その旨を指摘し、当該工事を設計図書の通りに実施するよう求め、当該工事施工者がこれに従わないときは、その旨を建築主に報告しなければなりません（建築士法第18条第3項）。

⑦ 建築士は、工事監理を終了したときは、直ちに、その結果を文書で建築主に報告しなければなりません（建築士法第20条第3項）。

⑧ 建築士は、大規模の建築物その他の建築物の建築設備に係る設計又は工事監理を行う場合において、「建築設備士」の意見を聴いたときは、設計図書又は建築主への報告書において、その旨を明らかにしなければなりません（建築士法第20条第5項）。

⑨　建築士は、設計や工事監理のほか、建築工事契約に関する事務、建築工事の指導監督、建築物に関する調査又は鑑定、建築物の建築に関する手続の代理、その他の業務を行うことができますが、その業務が他の法律によって制限されている事項についてはできません（建築士法第21条）。例えば、弁護士法では、弁護士でない者は、原則として報酬を得る目的で一般の法律事件に関して代理等を行い、これらの周旋をすることを業とすることはできないことになっています（弁護士法第72条）。従って、建築士が近隣紛争において出席する場合、弁護士法違反に問われることがあるので、注意が必要です。

⑩　建築士は、自分の名義を利用させることはできません（建築士法第21条の2）。

⑪　建築士は、建築基準法令等の規定に違反する行為について指示をし、相談に応じ、その他これらに類する行為をしてはなりません（建築士法第21条の3）。

⑫　建築士は、建築士の信用又は品位を害するような行為をしてはなりません（建築士法第21条の4）。

⑬　建築士は、設計及び工事監理に必要な知識及び技能の維持向上に努める義務があります（建築士法第22条第1項）。一定期間ごとに所定の定期講習を受けなければならない（建築士法第22条の2）のも、こうした義務があるためです。

PART 2

建築士業務の紛争事例

PART 2 建築士業務の紛争事例

はじめに
―建築士に係る紛争等の具体的な事例について―

　建築士や建築士事務所が、日常的に行っている様々な業務の中には、思わぬ責任問題や紛争に発展する可能性のある隠れた要因が潜んでいることがあります。それらの要因は技術的な判断ミスや不適切な業務の履行によるものだけとは限りません。法令や契約などの法的な問題、説明の内容や方法に係るコミュニケーションの問題、あるいは職業倫理的な問題、さらには情報開示や守秘義務に係るもの、建築士事務所や建築主に起因するものなど、実際にはかなり広範囲にわたって、こうした業務上のリスク（潜在的な危険性）が存在していると言っても過言ではありません。

　多くの建築士や建築士事務所は、これまでの業務において特段のトラブルや紛争等もなかったことから、たまたまこうした業務上の責任やリスクに気付くことなく過ごしてきた、すなわち責任問題や紛争に発展する可能性のある多くのリスクを単に看過してきただけなのかもしれません。

　建築士が負う業務上のリスクについては日常的な備え、つまり平常時にこうしたリスクへの対応に関する十分な認識や心構えなどを涵養し、自らリスク回避に向けた努力を継続していく姿勢が何よりも大切です。

　PART 2では、建築士や建築士事務所が、日常的に行っている業務を通じて係る仮想的な紛争事例や業務責任問題等を通して、業務上のリスクにどのような事例があり得るのか、その事例の概要やポイントについて専門資格者としてどのように理解すればよいのか、またリスクの回避策・解決策として、業務の中で具体的にどのようなことに気を付けていけばよいのか、さらにそれぞれの事例で参照すべき法令や標準的な契約約款などを具体的に例示しています。

　ところで、日本の建築士法は、個人としての資格者の規定について定めた資格者法と、業務を行う上での規定を定めた業務法の二つの性格を併せ持った法令といわれています。そして建築士法では、個人の資格者としての建築士は、他者から依頼されて報酬を得て設計等の業務を行うためには、必ず建築士事務所登録する（開設者となる、あるいは所属する）ことを義務付けています。すなわち、建築士事務所に所属していない建築士は、いくら資格者であっても実質的にはこうした業務を行うことが出来ません。一方で、施工者（ゼネコンや工務店など）の場合は、要件を満たして建築士事務所登録をしていれば、施工と合わせて設計や工事監理業務を行うことが出来ます（設計施工一括受託）。

　この（他者に依頼されて行う）建築士の設計や工事監理の業務は、それぞれ、又は一括して委託者と建築士事務所（の開設者）との間で交わされる契約によって履行することになります。そして実際に業務に従事するのは、業務委託契約した建築士事務所に所属する建築士（資格者である開設者、管理建築士、担当する建築士など、建築士事務所の規模、様態によって異なります）ということになります。従ってここに示した建築士業務（設計・監理など）の事例の多くは、正確にいえば、まず建築士事務所の開設者が依頼を受けて契約し（契約の当事者）、その契約によって当該事務所に所属する個々の建築士が行った業務についての事例、ということになります。この点をよく踏まえながら事例を見ていただきたいと思います。

PART 2で例示した事例は、以下について、建築士の置かれている立場別に、あるいは建築士事務所、建築主に係る事例等に分類して示しています。

> A. 設計者に係る紛争等の事例
> （設計・監理一括、設計施工一括の契約による業務を含みます。従って主語が建築士事務所になっている事例もあります）
> B. 監理者、工事監理者に係る紛争等の事例
> （設計・監理一括の業務を含みます。また監理業務は契約上行う業務のことで、通常は法で規定する工事監理業務を含みます。本書では特に必要が無い場合には、契約上の監理者と呼称して、その業務範囲には工事監理者の業務が含まれています）※監理と工事監については、下記を参照
> C. 建築士事務所に係る紛争等の事例
> （この中にはA.及びB.に関連する事項が含まれていますが、ここでは主に契約当事者として対処すべき事例等を例示しています）
> D. 工事施工者に係る紛争等の事例
> （設計施工一括の業務を含みます）
> E. 建築主等に係る紛争等の事例
> （上記のA.～D.に関連する事項が含まれていますが、ここでは主に建築主の立場から見た事例を中心に例示しています）
> F. その他の紛争等の事例　　（いずれも順不同）

上記のごとく例示する内容は要望の実現、契約内容に係るもの、瑕疵、追加業務や調整業務、業務報酬、著作権をめぐるもの等々、広範な業務責任や紛争などの関連テーマを含んでいます。

なお、個々の事例は、具体的な責任や紛争事例をもとに、仮想事例として構成しているもので、実際の個別の事件や紛争とは直接関係ありませんが、いずれも建築士や建築士事務所にとって身近なものばかりです。本書によって、建築士として日頃からどのようなことを心がけながら日常の業務に当たるべきかをよく理解し、トラブル防止による適切な業務環境構築の一助とすべく、様々な業務上の判断等の参考として活用いただけるとよいと思います。

（※監理業務と工事監理の違いなどの詳細については、「よくわかる建築の監理業務」大森文彦・後藤伸一・宿本尚吾／著：大成出版社：2013年9月刊　などに詳しい解説があります。）

PART 2 建築士業務の紛争事例

目 次
● 事例の一覧 ●

A. 設計者に係る紛争等の事例

契約・業務報酬をめぐる事例

事例1：口頭による依頼で設計業務を進めたが、計画自体が中止となり設計料の支払いを拒否されてしまった業務報酬請求の事例 …………………………………………… 25

事例2：書面で設計・監理業務委託契約を締結していたが、計画自体が中止され設計料を請求したところ、瑕疵ある設計等を理由に業務報酬が支払われないという事例 ……… 26

事例3：建築主の都合で中止された設計業務について、基本設計業務は完了しているかどうか、先行して実施した構造計算書作成等の業務報酬の請求は可能か、など業務の出来高が主な争点となった事例 …………………………………………………… 27

事例4：建築主の意向に沿って進めた設計で、予算オーバーにより設計が中止され、書面による契約は締結していなかったが、それまでの出来高割合による業務報酬を請求した事例 ………………………………………………………………………………… 28

事例5：設計前業務として構造耐力の調査・検討業務を口約束で依頼され実施したところ、依頼者の望む施設がつくれないことが判明し、依頼者から業務報酬の支払いを拒否された事例 ……………………………………………………………………… 29

業務の追加・変更をめぐる事例

事例6：建築主の意向による大幅な設計変更の設計監理料の追加請求に対して、竣工後発生した漏水事故の原因は瑕疵ある設計によるものと主張され、逆に損害賠償請求をされた事例 …………………………………………………………………………… 30

事例7：未払い及び追加業務の設計監理報酬の請求に対して、逆に設計・監理業務の債務不履行による損害賠償請求をされた事例 ……………………………………………… 31

事例8：工事着工後の大幅な設計変更に伴う業務量の増大による追加報酬を請求したところ、当初の報酬がすでに十分な額であるとして追加の支払請求を拒否された事例 …… 32

事例9：工事施工段階で施工者の見積り落ちによる当初工事費の不足分を、設計者が建築主に無断で施工者と相談のうえ設計変更による調整で補完したところ、建築主に業務報酬の返還を求められた事例 ……………………………………………………… 33

瑕疵ある設計（設計ミスなど）をめぐる事例

事例10：複雑な形状の外壁面のタイルが剥落して通行人が負傷し、設計者が責任を問われた事例 ……………………………………………………………………………… 34

事例11：建築主の希望する工事予算に対し、設計概算工事費が大幅超過したことによる契約解除と既払い業務報酬の返還請求を求められた事例 ……………………………… 35

事例12	設計内容が要望通りでないことなどを理由に、建築主が工事を中断し、建築士に損害賠償請求をした事例	36
事例13	集合住宅の屋上(陸屋根)からの漏水事故をめぐって、設計者の責任が問われた事例	37
事例14	屋上防水押えコンクリートの不十分な伸縮目地の施工による漏水は、設計の瑕疵か否かが問題となった事例	38
事例15	設計者が傾斜窓（トップライト）に不適切な材料を選択したために雨漏りが生じたと主張され、修補費用請求をされた事例	39
事例16	建売住宅の不同沈下の発生で、設計者の責任をめぐって争いとなった事例	40
事例17	隣地境界からの距離が不足していたことから瑕疵ある設計を指摘され、設計者が手直し費用を請求された事例	41
事例18	設計内容が建築基準法で定められた共同住宅住戸間の界壁の遮音性能を満たしていなかったとして、設計者が損害賠償請求をされた事例	42
事例19	住宅の防音に関する性能不足は設計が原因との理由で、設計者に対して追加の防音工事費用が請求された事例	43
事例20	設計図書に不適切な建材を記載し、そのまま施工されたことで発生した不具合について、設計者に修補請求がなされた事例	44
事例21	設計者が良かれと思い建築主に無断で設計変更したところ、予定の車が車庫に出入不能になってしまい、損害賠償請求をされた事例	45
事例22	マンションリフォーム工事で、竣工後の排水不良は瑕疵ある設計によるものであるとして、修補費用請求をされた事例	46

意図伝達、著作権、その他の事例

事例23	建材の小さな見本（カットサンプル）による建築主への確認で施工者に指示をしたが、施工後にイメージが違うといわれ、建築主から設計者が業務報酬の減額を求められた事例	47
事例24	低層共同住宅の竣工後、近隣の類似の建物所有者から自分の建物と「うりふたつ」というクレームが建築主に寄せられ、設計者が建築主らから説明を求められた事例	48
事例25	前任者が契約解除された設計業務を引き継ぎ、前任者の設計を踏襲したところ、当該前任建築士から著作権侵害を指摘された事例	49

B. 監理者・工事監理者に係る紛争等の事例

監理業務の契約、報酬、責任等をめぐる事例

| 事例26 | 確認申請書に自ら工事監理者として届けたものの、実際には業務実態がなかったが、当該届けを取り消さなかったことで、工事監理責任を問われた事例 | 50 |

事例27	工事段階で監理契約がないまま設計意図伝達業務のみを行っていたが、施工瑕疵が発生したことから監理責任を問われた事例	51
事例28	建築主が、建設会社には工事の瑕疵担保責任で、同社の監理業務の担当建築士には不法行為責任で、損害賠償請求をした事例	52
事例29	建築主が共同住宅の新築工事で、契約上の瑕疵担保期間経過後に建設会社と工事監理の担当建築士に対し、共同不法行為責任による損害賠償請求をした事例	53
事例30	追加工事代金をめぐって、監理者の査定額が施工者の見積額と大幅に食い違った場合の処理をめぐる事例	54
事例31	監理者の業務範囲と、建築主が直営で行う工事の瑕疵責任の範囲等が問題となった事例	55
事例32	隠蔽部分の納まりが設計図書と異なっていたことを理由に、建築主が工事監理者に対して損害賠償を求めた事例	56
事例33	新築建物の基礎部分の不具合は、工事監理者の責任であるとして、建築主が損害賠償を求めた事例	57
事例34	外壁がコンクリート打ち放し仕上げの工事で、施工結果が悪かったことから監理業務が不十分であるとして、建築主から監理業務報酬の支払いを拒否された事例	58
事例35	リゾートマンションの大浴室改修工事で新たに漏水事故が発生し、監理責任が問われた事例	59

その他の事例

事例36	監理者と施工者が対立したために、完成直前で工事が中断したまま半年が経過してしまった事例	60
事例37	監理者が不十分な設計図書について、事実上の設計の補完行為を行ったところ、設計者や建築主からクレームがつき、業務報酬の支払いを拒否された事例	61
事例38	監理業務のみを担当した建築士が隣戸の住民の要請によって、自らの判断で設計内容を変更したら建築主からのクレームとなった事例	62
事例39	監理業務担当者が「工事監理ガイドライン」の内容の通り工事監理を実施していないとの理由で、建築士事務所が瑕疵修補相当額を損害賠償請求された事例	63
事例40	工事の瑕疵担保責任消滅後は、工事監理者が施工責任を負うのか、責任はいつまで続くのかが問題となった事例	64

C. 建築士事務所に係る紛争等の事例

事例41	変更内容や追加工事費について、監理者が建築主への説明を怠り、追加工事費をめぐる争いとなったことから、建築士事務所が業務報酬の返還請求をされた事例	65
事例42	建築士事務所の開設者が無資格者に重要事項説明をさせるなどの行為が発覚し、開設者の責任が問題となった事例	66

事例43	：管理建築士が健康を害し、常勤として勤務を行っていないにもかかわらず、管理建築士に留まっている事例	67
事例44	：監理業務台帳の作成、保存義務の懈怠による業務データの不足による建築士事務所の信用失墜の事例	68
事例45	：建築士事務所登録の無い建築士に再委託した構造設計によって問題が発生し、委託元が責任を追及された事例	69
事例46	：再委託先の構造設計事務所の監理責任の範囲が問題となった事例	70
事例47	：住宅メーカーが、図面の不備によって発生した不具合について再委託先の建築士事務所に修補費用を請求した事例	71
事例48	：設計コンペ参加の要請があり、参加したところ結果は落選であったが、実際には自らの応募案と酷似した建築物が完成していた事例	72
事例49	：建築設備士資格者だけの設備設計事務所で、建築士法上の責任を追及された事例	73
事例50	：建築士事務所の経歴等のwebサイト（ホームページ）への虚偽の記載等で契約解除された事例	74

D. 工事施工者に係る紛争等の事例

工事の瑕疵、追加・変更をめぐる事例

事例51	：瑕疵と追加工事の支払いをめぐる建築主と工事施工者の争いで、建築主から未払い分を瑕疵修補相当額で相殺するといわれた事例	75
事例52	：追加変更工事代金について、発注者が元請に支払わない場合に、下請けから注文者である元請への請求が認められるかという事例	76
事例53	：建築主による地盤調査報告書では少量とされていた敷地内の大量のガラによる基礎の変更費用は、誰が負担すべきなのか争いとなった事例	77
事例54	：地盤の不同沈下の発生が施工者の責任とされ、建て替え相当の修補請求をされた事例	78
事例55	：新築建売住宅の雨漏りによる損害は、すべて瑕疵担保責任として当該施工者が負うべきかが問題となった事例	79
事例56	：外壁モルタルのひび割れ発生をめぐって、施工責任や修補の跡は完全に隠せるかなどが問題となった事例	80
事例57	：分譲共同住宅の上階からの騒音が施工瑕疵によるものとして施工・販売者に対し契約解除の申し立てがなされた事例	81

その他の事例

| 事例58 | ：設計施工一括契約による新築工事で、図面間に不整合があり、契約内容はどちらの図面によるものかの判断等をめぐって争いとなった事例 | 82 |
| 事例59 | ：半地下車庫で床の勾配に難があり、車の入出庫が十分に出来ないことが施工後に |

　　　　　　判明し、設計者だけではなく、施工者の責任が問題となった事例……………………………… 83
- **事例60**：リフォーム工事で主に施工時の打ち合せによって工事を進めたが、建築主から打ち合せ通りに工事が実施されていないとして、損害賠償請求をされた事例…………… 84

E. 建築主等に係る紛争等の事例

- **事例61**：新築工事で、工事請負契約の契約内容（含まれる）なのか追加工事（含まれない）なのかの線引き等をめぐって争いとなった事例………………………………………………… 85
- **事例62**：建築士事務所で手配した測量や地盤調査は、契約内容に含まれるのか別途業務なのかが問題となった事例………………………………………………………………………… 86
- **事例63**：設計提案が気に入らないという理由で、建築士事務所との設計業務委託契約を解除した事例……………………………………………………………………………………… 87
- **事例64**：設計者として紹介された建築士が建築士事務所登録をしておらず、建築主は最後まで設計等の業務の責任者が誰であるかよくわからなかった事例……………………… 88
- **事例65**：近隣の日照被害に対する責任は、建築主、設計監理者、工事施工者のうちの誰の責任なのかなどが争われた事例……………………………………………………………… 89
- **事例66**：建築主の意向で本工事とは別の業者が施工した設備工事などの関連工事について、工程等の総合的な調整義務は誰にあるのかが争われた事例…………………………… 90
- **事例67**：建築主の意向に対して、当該地域の町内会が強制力のない美観に関する規約によって変更を要請してきた事例……………………………………………………………… 91

F. その他の紛争等の事例

- **事例68**：民間確認検査機関による確認済証交付後の、特定行政庁からの是正指導で着工が遅れた事例……………………………………………………………………………………… 92
- **事例69**：裁判所による確認済証の取り消し判断を受け、建築主が行政に損害賠償請求を行うとした事例……………………………………………………………………………… 93
- **事例70**：無料の建築相談の回答者の言動によって損害を被ったとして、相談者が回答者の建築士に損害賠償請求をした事例……………………………………………………… 94

A B C D E F

A. 設計者に係る紛争等の事例　　　事例1

口頭による依頼で設計業務を進めたが、計画自体が中止となり設計料の支払いを拒否されてしまった業務報酬請求の事例

事例の概要

　　ある建築士事務所の開設者（一級建築士）は、知人から紹介された建築主の木造住宅の設計を行いました。信頼のおける人の紹介であったことから、特に契約書は交わさず建築主と口頭で、設計業務の内容や、設計の報酬、設計期間などについて簡単な取り決めをしました。
　　しかし、建築主の資金計画が行き詰まり、結局計画は中止となってしまいました。すでに確認済証も取得していたので、終了した業務段階の出来高で清算しようと設計料を請求したのですが、契約書がないからという理由で支払いを拒否されてしまいました。

トラブルの処理

　　設計契約書（書面）を取り交わさずとも、建築主との合意のもとに、建築主の指示等に基づき設計行為を為した場合には、契約が成立しているとして、当該業務報酬請求が認められる場合が一般です。
　　この紛争事例では、建築主との間で一旦は報酬について合意していることから、契約が成立していることを前提にさらに協議を続け、それでも解決の目途が立たないことから法的手続きによって設計料を請求しています。
　　ただし、平成20年の建築士法改正で、建築士法第24条の7による契約前の「重要事項説明」とその内容の書面交付が、設計・監理業務を受託しようとする建築士事務所の開設者に義務付けられたことから、現在は、たとえ設計料を支払ってもらえたとしても、それとは別にこの「重要事項説明」を履行していなければ、建築士法違反（懲戒処分）に問われる可能性があるので注意が必要です。また、口頭であっても、同様に契約締結後には建築士法第24条の8による建築主への書面交付が建築士事務所の開設者に求められています。

ポイント解説とトラブルの回避・解決

　　契約の成立に関しては上記で見た通りですが、口頭だけでのやり取りでは、実際には取り決めの内容等をめぐる争いになりがちです。建築主だけでなく、建築士自らの立場を守るためにも契約書面による契約締結、さらには書面による打ち合せ議事録等の取り交わしが重要です。
　　なお、建築士事務所が設計又は工事監理業務、あるいは工事監理を含む設計・監理業務の依頼を受けた時は、必ず建築士法に基づく「重要事項説明」（法による義務）を行い、「業務委託契約書」を取り交わし（任意）、契約後には速やかに「建築士法第24条の8の書面の交付」（法による義務）を忘れずに行う必要があります。現在ではこうした書面が無いと、紛争などの際には契約の成立そのものを疑われる可能性があります。

※参照法令、契約約款など
・建築士法第24条の7
・建築士法第24条の8
・四会連合協定建築設計・監理等業務委託契約約款など

A．設計者に係る紛争等の事例　　　　　　　　　　　　　事例2

書面で設計・監理業務委託契約を締結していたが、計画自体が中止され設計料を請求したところ、瑕疵ある設計等を理由に業務報酬が支払われないという事例

CASE 事例の概要

　ある建築士事務所は、新築マンションの設計・監理業務を受託し、四会連合協定の書式で設計・監理業務委託契約書を取り交わし、早速設計業務を開始しました。相隣関係の調整を済ませ、確認済証も取得し、実施設計も完了しました。しかし、建築主の都合で突然計画は中止になりました。建築主は計画中止となったので設計料は支払えないと一方的に契約解除を通告してきました。建築士事務所は、契約約款に基づいて完了した業務について割合報酬で清算するよう請求していますが、建築主は、設計内容に関しても様々な瑕疵があると主張し、支払いは実行されていません。

トラブルの処理

　建築主の都合によって一方的に契約を解除された場合、四会連合協定建築設計・監理等業務委託契約約款等に基づいて契約締結していれば、業務の出来高に応じた業務報酬や損害賠償請求をすることができます（同契約約款第17条、第20条）。設計業務の成果物のうち、既実施分の成果物である実施設計図書、確認済証や、設計にかかった人件費などの記録を合わせて、業務量や進捗・出来高を証明して、あらかじめ定めた設計報酬全体の中で中止時点までに履行した業務の割合報酬分を請求することが出来ます。
　一方で、着工前の設計内容に瑕疵があるという建築主側の主張の多くは、自分の要望通りに設計がされていない、設計者が勝手に設計を進めてしまったなどの理由により、設計の成果に瑕疵があることを根拠とするものです。仮にこうした主張が事実に反する場合には、建築士事務所は、それまでに行ってきた建築主との打ち合せ記録などをもとに建築主の要望を誠実に検討し、設計に盛り込んだこと、あるいは盛り込めなかったことについては、その都度、了解を得て進めてきたことなどを明らかにする必要があるでしょう。

ポイント解説とトラブルの回避・解決

　建築士事務所は、建築士法第18条第3項にある設計内容の説明義務をよく認識し、設計の過程で建築主との打ち合せ記録を克明にとっておくことが大切です。特に建築主の要望の実現に係わること、実現できたこと、出来なかったことなどを、設計途中の打ち合せ時点の記録としてきちんと残し、その時点の設計図書、スケッチなども時系列で残しておくことが大切です。さらに設計業務に係わった人たちの実働時間（業務量）の記録、作業成果などを時系列で整えておくことも、実際にかかった設計の実費（直接人件費など）を算出する際に必要です。
　建築主と十分に話し合い、お互いの話し合いで解決できない場合は法的手続きで解決を図ることができます。民事訴訟で裁判所の判決を得るには、ある程度時間がかかりますが、調停などの方法、また、行政や弁護士会などによるADR機関への申し立てもできます。

※参照法令、契約約款など
・四会連合協定建築設計・監理等業務委託契約約款第19条（業務報酬の支払い）、同第21条〜第27条（業務の中止、解除、解除の効果など）など

A. 設計者に係る紛争等の事例　　　　　　　　　　　　事例3

建築主の都合で中止された設計業務について、基本設計業務は完了しているかどうか、先行して実施した構造計算書作成等の業務報酬の請求は可能か、など業務の出来高が主な争点となった事例

事例の概要

　　ある一級建築士事務所は、中規模の診療施設の設計を依頼されました。当該施設の建築主は、半年近く当該建築士事務所と打ち合せを重ねましたが、結局、建築主側の建築費の融資や人員の手配等がうまくいかず、計画は中止になり、設計契約を解除しました。ところが、当該建築士事務所は、建設コストの精査に影響の大きい構造計画の精度を上げるため、構造設計については、構造計算を実施し、計画中止時点で意匠設計とともに、ほぼ実施設計レベルまで完了していました。そこで、すでに設計契約が成立しており、契約内容に従って中止時点での割合報酬を請求する際に、当該建築士事務所の主張は、設備設計などを除くと構造設計を含めて実施設計はほぼ完了しているので、その分までの報酬を支払ってほしいというものでした。しかし、建築主側では、解除した時点までに当該建築士事務所からはスケッチや簡単な模型程度の説明しか受けておらず、実際には、基本設計図も契約の通り受領していないことから、基本設計すら完了していないので、それ以前の出来高分しか支払えないと主張し、建築士事務所との間で争いになりました。

トラブルの処理

　　この紛争事例では、設計業務委託契約が締結されており、当該業務はすでに半年近く進捗していました。ここでいう基本設計が終わった時点とは、一般に建築物の全体像が確定し、構造設計や設備設計などを含む実施設計段階に移ることを建築主が合意した時点と考えられます。また基本設計内容の建築主への説明、基本設計図書の作成・交付も必要でしょう。
　　この事例では、建築主側は、契約内容に含まれるすべての基本設計図書の交付を受けていないので基本設計は完了していない、対する建築士事務所側は基本設計相当の業務量はすでに為されており、不足の図面はいつでも追加出来る、という主張になりました。設計がどこまで進んでいたか、その進捗割合（出来高）を考えるには、①その時点までに完成し建築主に提供され説明された設計図書など（スケッチや模型も含む）を設計図書全体の中に占める割合から判断する、②その時までかかった業務量が設計業務全体で想定される業務量に占める割合から判断する、などの方法があると思われます。またこの事例では、実際には構造計算まで実施しており、意匠、構造の実施設計業務はほぼ完了していましたので、基本設計分を超えて、さらに、これらに要した費用まで請求できるのか、という点も争点になりました。

ポイント解説とトラブルの回避・解決

　　設計者は作成した設計図書など（スケッチや模型も含む）に加えて、打ち合せ記録やそれまでの業務の記録などを普段から整えておくことが大切です。また行った業務はもちろんのこと、これから行う業務についても、その時点で業務の開始が必要な理由の十分な説明を行った上で、建築主側の同意を得ながら、そうした業務を実施することが肝要でしょう。コストを検討する業務の精度を上げるため、基本設計段階で構造計算を実施するケースはあり得るかもしれませんが、設計者側の一方的な都合であると解されると、当該業務部分の報酬請求は困難な場合があります。

※参照法令、契約約款など
・例えば、四会連合協定建築設計・監理等業務委託契約約款では、第24条で建築主の中止権、第26条の2で建築主の任意の解除権を認めている。

A. 設計者に係る紛争等の事例　　事例4

建築主の意向に沿って進めた設計で、予算オーバーにより設計が中止され、書面による契約は締結していなかったが、それまでの出来高割合による業務報酬を請求した事例

事例の概要

　　ある二級建築士事務所は、新築住宅の設計業務を受託し、担当建築士は設計案を提示しながら、建築主と何度も打ち合せして内容を詰め、その都度、複数の案も提示してきました。しかし、いずれも建築主の意向を十分に汲んだ計画とはなっていないとされ、面積も工事費も予定規模を上回り、最終的な概算見積額が予算を超えてしまったため、建築主は当該設計による建築を断念しました。

　　業務委託契約の契約書を取り交わしてはいませんでしたが、建築士事務所はこれまでかかった費用として、当初提示していた報酬から監理業務相当額を引いた設計報酬全額のうち、約50％を履行済み報酬として請求しました。建築主はそれまでの労に対して謝礼として小額のお礼金を支払いましたが、建築士事務所は作業記録をもとに標準的な賃金データ等によって直接人件費を算出、これに経費及び技術料を加えた金額から、既払いの当該礼金を控除した額を請求しています。

トラブルの処理

　　この紛争事例では、建築士は、設計の打ち合せも詳細にわたって行い、複数の提案をその都度行ってきており、その過程では、すでに実施設計段階の打ち合せも行い、一部の実施設計図も描いていたので、基本設計終了までの報酬は本来支払われるべきとされました。しかし、基本設計段階の作図はほぼ終わっているものの、基本設計終了に必要な計画案を確定する建築主との合意が成立していないため、基本設計自体は完了していないという主張もあり、また予算を超過する設計となっているという状況があります。従って、例えば設計・監理報酬全体の70％が設計報酬、うち基本設計業務がその約１／３、そして、その90％が今回の出来高分に見合う、といった業務出来高を勘案したより精度の高い割合報酬の算定による根拠を明確にした調停案が示されました。

ポイント解説とトラブルの回避・解決

　　建築士は業務の依頼を受けた時、業務内容とその報酬についてよく説明し、設計の進み具合を計画の全体像や工事予算などにも触れながら逐次説明して、合意を得た上で、それらを文書に取りまとめておくことが大切です。たとえ書面による契約を交わしていない場合でも、同様に業務を進めている実態がわかるようにしておきたいものです。

　　これは、建築主の都合などで業務が中断された場合でも、その時点までの出来高を合理的に算定し、説明する根拠となるはずです。

※参照法令、契約約款など
・平成21年国土交通省告示第15号　における作業時間をもとにした業務報酬算定法
　（設計・工事監理業務報酬における基本設計分の想定については、下記の資料を参照）
・官庁施設の設計業務等積算基準　平成22年　国土交通省
・建築設計工事勧業無報酬調査報告書　昭和52年　建設省

A．設計者に係る紛争等の事例　　事例5

設計前業務として構造耐力の調査・検討業務を口約束で依頼され実施したところ、依頼者の望む施設がつくれないことが判明し、依頼者から業務報酬の支払いを拒否された事例

事例の概要

　　ある建築士事務所は、事務所ビルの一部に岩盤浴（サウナ施設）を計画する設計業務を受託しました。床荷重が相当増えるために、当該事務所ビルで岩盤浴施設の計画が可能か、まずは荷重増加による構造に関する検討が必要となることから、依頼者にその旨を説明し、先行して構造面の検討を行うことになりました。この建築士事務所では構造のスタッフはおらず、検討は再委託となるので、開始時点で調査・検討の費用は岩盤浴施設が計画可能でも不可能な場合でも、かかる費用として支払ってもらう旨、口頭で依頼者に説明し、それを了解してもらっていると考えていました。ところが、実際には構造検討の結果、岩盤浴施設の設置は不可能であることが判明し、あらためて調査・検討の費用を請求したところ、依頼者は「外注することは聞いていたが、不可能の場合でも費用がかかるとは思わなかった。岩盤浴施設が可能であればそちらに設計を頼もうと思っていたので、その営業サービスのつもりで検討してもらった」と費用請求に対する支払いを拒みました。

トラブルの処理

　　これは、設計監理契約を締結する前の、調査・検討費用について、曖昧な口約束としてしまったために、報酬の支払いを拒まれてしまった事例です。
　　調査業務は、サービスで行われるケースもありますが、この事例のように実際に業務量や再委託費用が発生している場合があり、報酬の支払いを求めるのであれば、費用についての事前の取り決めが重要となります。できれば口頭ではなく、契約書として書面化するべきですが、難しい場合は、やり取りを記録した議事録などにサインをもらっておく、あるいは日付が付されるFAX書面を送付し、相手方も有償であることを確認していることを証する書類を残しておくだけでも、交渉の材料になります。

ポイント解説とトラブルの回避・解決

　　設計業務の開始前には、この事例以外にも、地盤調査や測量、インフラの調査など、様々な事前調査等が必要となる場合があります。これらの調査は本来、依頼者が実施して、設計与条件として設計者に情報提供するものですが、依頼者はこういった業務には詳しくないことが多く、直接設計者に依頼する場合もあります。事前の調査業務が有償なのか無償なのかを含め、どのような調査が必要であるか、依頼者とよく協議し、有償の場合は、設計にいたらないケースでも報酬の支払いを約する契約書などを予め取り交わしておくことが大切です。

※参照法令、契約約款など
・平成21年国土交通省告示第15号　における作業時間をもとにした業務報酬算定法
　（設計・工事監理業務報酬における基本設計分の想定については、下記の資料参照）
・官庁施設の設計業務等積算基準　平成22年　国土交通省
・建築設計工事勧業無報酬調査報告書　昭和52年　建設省

A．設計者に係る紛争等の事例　　事例6

建築主の意向による大幅な設計変更の設計監理料の追加請求に対して、竣工後発生した漏水事故の原因は瑕疵ある設計によるものと主張され、逆に損害賠償請求をされた事例

事例の概要

　ある建築士事務所は、地下1階（用途は事務所）、地上3階（用途は賃貸住宅と建築主居宅）の鉄筋コンクリート造建築物の設計・監理業務を委託されました。工事段階で多数の設計変更が発生し、業務量が大幅に増加したので、竣工後、設計変更に係る追加分の設計監理料を請求しました。

　しかし、竣工後しばらくして、大雨の際に地下の居室に漏水があり、北東に位置する一部屋が水浸しになり、床、壁、天井の裏面に水が溜まった状況となりました。地階の隣接する部屋の壁、天井もしみがでるなど広い範囲で内装材が損傷を受けました。

　そこで建築主は、この事故は設計監理者の設計変更による瑕疵であるとして、未払い設計監理料を上回る損害賠償を求めました。当該建築士事務所は、設計変更は建築主の要望に基づくもので、瑕疵とされているものはほとんど施工のミスであると主張しています。なお、この工事を施工した工務店はすでに倒産しています。

トラブルの処理

　この紛争事例では地下階の漏水の原因は、追加工事の設計にあったコンクリートブロックによる二重壁とそれに伴う排水口を、建築主の求めによって、設計監理者が工事費減額のため簡略な工法に変更したこと、さらにその工事監理も不十分、施工自体も不適切であったことなどによっていました。

　また、建築主の調査によって、施工者が設計図書で定められた地下部分のコンクリート打設の打継部分に設けるべき止水板の施工を怠っていることが判明していますが、設計監理者はそれを全く確認していませんでした。施工状況を設計図書と十分に照合・確認しなかったことは、工事監理者としての照合・確認義務の不履行に該当する可能性もあります。

　損害額としては、浸水した地下居室の修復と二重壁とそれに伴う排水口の設置、コンクリート打継部分の止水板に替わる防水措置などに関する修補費用相当額が考えられます。この事例では施工会社が倒産しており、施工責任による損害賠償を施工者に求めることは困難です。

ポイント解説とトラブルの回避・解決

　建築士は、仮に建築主の意向で工事費の減額を考える場合でも、当該設計変更が建築物の基本的な機能、性能に係る部分の場合などには、慎重な検討を行うことが望まれます。非常駐の重点監理方法による（工事）監理であっても、建物の基本的機能である構造体、防水、止水等に係るものについては、現場で確実に施工内容を設計図書と確認することが求められます。建築物の基本的な機能、性能に関する瑕疵については、この事例のように施工の瑕疵とともに不適切な設計、工事監理が当該原因として指摘される場合も少なくありません。

※参照法令、契約約款など
・建築基準法施行令第22条の2 第2項の(2)地下外壁の防水措置
・住宅の品質確保の促進等に関する法律第94条　住宅の新築工事の請負人の瑕疵担保責任の特例

A. 設計者に係る紛争等の事例　　　　事例7

未払い及び追加業務の設計監理報酬の請求に対して、逆に設計・監理業務の債務不履行による損害賠償請求をされた事例

事例の概要

　　ある一級建築士事務所は、鉄筋コンクリート造4階建ての複合ビル（1、2階：業務施設、3、4階：分譲住宅）の設計監理を建築主から依頼されてこれを実施し、施工は別の施工会社が受注して、工事が完了しました。ところが、建築主は施工中に発生した追加工事分の工事費を含めて施工会社には当該工事費全額を支払いましたが、設計料監理料については未承認のサッシが施工されているなど、業務内容に問題があるとして、一部支払いを留保しました。これに対し、建築士事務所は追加工事の設計料を含めてその支払いを求め、争いになりました。

　　建築主は、設計監理者には工事全体のコスト・マネジメントを行う義務があり、工事途中での設計変更による追加工事費の発生は、建築士事務所の債務不履行の結果であるとして、追加業務による建築士事務所の請求額を上回る損害賠償額を請求しました。

　　これに対し、建築士事務所は、設計変更は建築主の要望、あるいは行政指導等によるものであり、追加工事の増額は予備費等を見込んで対応可能なもので、設計業務上の債務不履行はないと主張しています。施工会社は今回の争いに加わってはいません。

トラブルの処理

　　一般的に、工事やプロジェクト全体のコスト・マネジメントは、設計監理者の標準的な業務とは考えられていません（標準外業務です）。

　　しかし、この紛争事例のように建築士が建築主の要望による追加変更工事の対応に追われ、施工会社からの建具などの製作図が未承認のまま製作され、建築主との打ち合せとは異なるサッシが取り付けられた場合などについては、結果的に施工者が設計監理者の承認なしに施工した部分であり、それを看過した設計監理者側の業務のミス（債務不履行）が認められる可能性があります。

ポイント解説とトラブルの回避・解決

　　建築物の規模等にもよりますが、コスト・マネジメントまで含めた業務については、有償か無償かを明確にして、特に無償の場合には設計・監理業務の実態をよく説明して、建築主に過度な期待を持たせないよう十分配慮すべきです。

　　施工者から設計図書に定めた施工図や製作図が提出されず、設計監理者が未承認のまま製作、施工され、それが建築主にとって不都合なものとなった場合は、建築士も監理者として見逃した責任が問われるおそれがあるため、施工図や製作図の提出を促し、仮に未提出のまま製作、工事が行われた場合は建築主に報告し、建築主と工事施工者との協議に参加して、製品を交換させる、場合によっては、工事をストップするなどの助言を建築主にする必要があります。

※参照法令、契約約款など
・四会連合協定建築設計・監理等業務委託契約約款業務委託書　Ⅲ．監理業務　4．施工図等を設計図書に照らして検討及び承認する業務、6．工事の確認及び報告など

A. 設計者に係る紛争等の事例　　　　　　　　　　　　事例8

工事着工後の大幅な設計変更に伴う業務量の増大による追加報酬を請求したところ、当初の報酬がすでに十分な額であるとして追加の支払請求を拒否された事例

事例の概要

　　ある一級建築士事務所は、延べ面積6,000㎡を超える企業の本社ビルの設計を行い、工事が始まりました。着工とほぼ同時に経済情勢が好転し、建築主から大幅な設計変更を求められました。変更の内容は、さらに高級感のある建物にするという趣旨で、業務量の増加は確認申請の出し直しに近いものでした。工事費は当初の請負金額から30％程度増加しました。こうした設計変更業務に伴い、建築士事務所では大幅な業務量の増大があったため、追加の設計報酬を請求したのですが、建築主は当初契約の設計監理料は十分なものであり、契約以外の追加報酬は一切支払わないと通告してきました。

トラブルの処理

　　一般的に構造の変更や規模、工事費の変更などを伴わない軽微な変更に関しては、必ずしも追加の報酬請求にはいたらない場合があります。また業務報酬基準の告示第15号では、従来の工事金額を基準とした報酬から延べ面積を基準とした業務量表示に変わっています。

　　しかし、この事例では計画変更を伴う大幅な設計変更が行われ、工事費も大幅な増額となっています。追加払いは一切無しという当初の契約上の合意が無い限り、一般的には追加設計報酬を請求できるケースと考えられます。建築主には業務量の増大による追加報酬支払いについて、よく理解してもらう必要があるでしょう。話し合いが困難であれば、本事例のように弁護士に相談の上、法的な手続きを踏む場合もあります。その際には、増大した業務や新たな成果物等について明示し、正確な業務量の数値などを明確にしておくことが大切です。

ポイント解説とトラブルの回避・解決

　　設計料に関する取り決めは、建築関連４団体による「四会連合協定建築設計・監理業務委託契約書」などを活用すべきでしょう。同契約約款の第13条[設計業務委託書等の追加・変更等]に記載されている内容を、契約時に建築主によく説明しておくことが大切です。また業務報酬基準の告示を明示して、標準業務内容に含まれない追加業務の報酬算定方法などを説明する必要もあると思われます。

　　こうした取り決めの無い約款を用いた場合などでは、この事例のような建築主の主張がなされる可能性があります。

※参照法令、契約約款など
・四会連合協定建築設計・監理等業務委託契約約款第13条など
・平成21年国土交通省告示第15号（建築の設計等の業務における業務報酬基準の告示）など

A．設計者に係る紛争等の事例　　　　事例9

工事施工段階で施工者の見積り落ちによる当初工事費の不足分を、設計者が建築主に無断で施工者と相談のうえ設計変更による調整で補完したところ、建築主に業務報酬の返還を求められた事例

事例の概要

　ある建築士事務所は、建築主から鉄骨造6階建ての店舗ビルの設計・監理業務を受託しました。施工については、知り合いのゼネコンを紹介し、当該ゼネコンが工事を実施することになりました。ところが、当該ゼネコンの担当者は、工事の途中段階で、カーテンウォールの下地やファスナーの費用が見積り落ちしていたと建築士事務所の設計担当者に相談し、設計担当者とゼネコンは、設計仕様を変更することで不足分をカバーすることを協議しましたが、建築主にはその内容を詳しく説明しませんでした。

　建物が完成し、引き渡しの施主検査の段階で、共用部の床仕上げの一部が大理石から塩ビシートへ変更になっている点や、各階の塗装仕上げ部分がクロス仕上げになっていることなどを不審に感じた建築主が、別の建築士事務所に調査を依頼すると、様々な設計変更が行われていることが明らかとなりました。建築主は、無断に行われた設計変更について、設計担当者及び工事監理者の背任行為であるとし、当該建築士事務所に設計監理料の返還を求めました。また、施工者に対しては、変更のあった部分を当初契約の通りに改修するよう求めています。

トラブルの処理

　この紛争事例は、明らかに故意による無断の設計変更であり、委託者の財産を毀損した違法行為となる可能性があります。

　設計担当者としては、本来必要な費用が落ちていたので、その分を調整したのであって、結果的にはプラスマイナスゼロであり、違法行為を行ったわけではない、という意識があるようですが、大幅な設計変更は、契約内容の変更であり、当然ながら建築主の同意が必要です。設計者、工事監理者、施工者のいずれも無断でこれを行うことは出来ません。無断で行った場合は建築士法上も契約上も違法、違反行為となる可能性があります。

ポイント解説とトラブルの回避・解決

　見積り落ちなどがあった場合、清算（追加支払い）が認められるかどうかは別としても、建築主に事情を説明することが肝要です。設計者、工事監理者、施工者いずれも、本事例のように建築主に無断での設計変更を行うことは出来ません。

※参照法令、契約約款など
・民法、四会連合協定建築設計・監理等業務委託契約約款第21条（乙の債務不履行）など
・平成21年国土交通省告示第15号（建築の設計等の業務における業務報酬基準の告示）など

A．設計者に係る紛争等の事例　　事例10

複雑な形状の外壁面のタイルが剥落して通行人が負傷し、設計者が責任を問われた事例

事例の概要

　　ある建設会社は、3階建ての低層マンションを設計施工一括で受注し、社員の若い建築士が設計を担当しました。ところが（冬季の2月に施工した）道路に面する妻側に貼った外装タイルが、竣工後1年を経過した時点で剥落し、通行人が巻き添えとなって負傷する事故が発生しました。当該妻側は下地のコンクリート面が湾曲し、かなり複雑な形状となっており、建築主の希望でその上にタイルを貼ったものですが、タイルの剥落は、このデザインを含め当該設計や施工に起因して発生したものであるとして、施工者とともに建設会社の設計者が責任を問われました。

トラブルの処理

　　この紛争事例では、工事と事故の因果関係が認められた場合、設計施工一括で受注した建設会社が外壁タイル剥落の施工上の責任を問われ、会社として不法行為などによる損害の賠償を行うと同時に、その会社で実際に業務を行った設計担当者、あるいは施工の責任者に業務上過失致傷罪（刑法第211条）の責任が問われる可能性があります。

　　当該建設会社の社員である設計者の責任については、一般に具有すると認められるべき設計者の平均的水準の能力をもって業務に当たった場合、こうしたデザインからタイルの剥離を予見できる可能性があったかどうか、すなわち「予見可能性」が争点となります。また、施工担当者の責任については、その施工技術に照らして、複雑な形状の外壁に貼るタイルの剥落の可能性を予測できたかどうかが争点となります。本事例の場合、設計者の（予見することが出来たはずであるという）予見の可能性が認められ、過失とされる可能性があります。

ポイント解説とトラブルの回避・解決

　　建築のデザインやディテール、様々な技術、新たな材料や表現等の試みを行う場合、そのことによって派生する危険を予見するという能力は、技術者としての建築士にとって重要なものです。しかし、そうした能力にも限度があり、この事例もデザインに起因して事故が起こったというよりは、むしろデザインを支える十分な施工技術や、品質管理能力の不足の問題が背景にあると思われます。当該建設会社の社員である建築士は、設計者としてこうした社内の技術的レベルを見極め、十分検討してデザインを進めるべき立場にあったことも確かでしょう。

※参照法令、契約約款など
・刑法上の責任
・不法行為責任など

A. 設計者に係る紛争等の事例　　　　事例11

建築主の希望する工事予算に対し、設計概算工事費が大幅超過したことによる契約解除と既払い業務報酬の返還請求を求められた事例

事例の概要

　　ある二級建築士事務所は、建築主の要望に沿って住宅設計を行い、実施設計、確認済証の取得までの業務を完了しました。実施設計図書をもとに複数の工務店に当該工事の見積依頼をしましたが、すべての工務店の見積りが建築主からあらかじめ聞いていた工事予算の1.5倍以上となり、大幅な減額設計変更が必要となってしまいました。

　　建築主は建築士事務所に対して不信感を持ってしまい、設計契約の解除と既払いの設計料の返還を求めてきました。建築士事務所は、完了した業務について割合報酬による清算を主張しています。

トラブルの処理

　　注文住宅の場合、設計者は建築主の住宅に関する要望・希望と工事予算のバランスを常に考慮しなければなりません。建築工法、使用建材等におけるコスト・バランスも重要な設計要素です。これらに十分配慮した設計を行っても物価変動など様々な要因で予算オーバーすることもあります。通常、予算の10〜20％程度の超過は建材の選択、工務店の努力などで調整可能な場合があります。この事例のように予算の5割増し以上となってしまうと、設計内容にもよりますが、調整は困難となる可能性があります。一方で建築主は、予算の範囲内で希望の多くを実現してもらえると期待している場合が一般です。

　　この紛争事例では、契約解除が認められる可能性があります。その場合でも、業務報酬の清算については、予算オーバーの理由や請求の根拠を明示して、主張すべきでしょう。

ポイント解説とトラブルの回避・解決

　　設計者は建築主の資金計画や工事予算に十分配慮しなければならず、中間金の支払いなど銀行融資の手順も考慮しなければなりません。できるだけ最新の工事費の統計などコストに関する情報に常に気を配っておくべきです。注文住宅では標準コストが役に立たない場合もあります。そのために今まで自ら設計した物件における工事全体のコストや配分の傾向などについても心得ておくべきでしょう。

　　建築主の設計者に対する信頼感は、通常は一つの理由や原因だけではなかなか崩れないもので、それまでに不信感を抱かせるような業務の積み重ねがあり、結果的に予算オーバーがその「引きがね」になった可能性もあります。例えば、建築主の要望を何らかの形で見落としたり、無視したりしてはいなかったかなど、相手のある業務の進め方についても建築士はあらためて考える必要があります。

※参照法令、契約約款など
・四会連合協定建築設計・監理等業務委託契約約款第19条（業務報酬の支払い）、同第21条〜第27条（業務の中止、解除、解除の効果など）など

A. 設計者に係る紛争等の事例　　事例12

設計内容が要望通りでないことなどを理由に、建築主が工事を中断し、建築士に損害賠償請求をした事例

事例の概要

　　戸建住宅の建設に当たって、常に新しい試みを行っている建築士事務所が設計・施工一括で戸建住宅の新築工事全般にわたる業務を依頼されました。

　　開設者である建築士は、自らの独特の建築物のつくり方、デザインなどを建築主に理解してもらったことから仕事を依頼されたと考え、一方で建築主は普通の住宅を安価で著名な建築士に頼んだと考えていました。しかし工事が進み、かたちが見えてくるようになると、建築主の思っている建物とは大幅に違ったものになっていくことを感じ、他の建築士に内容を見てもらい意見を求めるなどしましたが、結果的には、このままでは自分の望むものが出来ないと判断して、工事を中断しました。そして建築主は、使われている材料や部品、各部分の納まりなど、通常の住宅では一般的でないうえに、設計者の都合で変更が続いたこともあり、頼んだことをやってくれていないと主張して、建築士の債務不履行を理由に損害賠償を求め、紛争になりました。

トラブルの処理

　　この紛争事例では、建築士は自分の作品が掲載された雑誌資料なども建築主に提示しており、自らの設計の傾向（作風）などを十分知った上で依頼されたはずなので、業務内容の詳細は設計者に任されているという前提で、最善の建築をつくるよう努力してきたと考えていました。

　　一方で建築主は、建築士による直営工事方式で、中間マージンを省いて安価でいい住宅が建てられると考え、当該建築士に依頼しています。しかし、一般の住宅にはあまり見られない部材や部品の採用、工事中に建築主に説明なしで設計変更を繰り返すなど、建築主の意向を無視して工事が進められたように感じ、信頼関係が壊れ、工事中断に至ってしまったものと考えられます。結果的には和解が成立しましたが、双方に大きな不満が残りました。

ポイント解説とトラブルの回避・解決

　　専門家である建築士には、建築士法第18条第3項の趣旨に則り、常に建築主に設計内容を説明し合意を得て進めるべき責任と義務があると考えられ、この事例では建築士の契約時、設計段階、工事段階の要所での建築主に対する説明が十分ではなかった可能性があります。

　　設計監理者は、契約時に業務の進め方の約束事、建築主に対し、いつ、どのような内容の説明をし、合意を得て進めていくかなど、受託した仕事全般について詳しく説明し、適時にきちんと合意を得て（極力合意内容を書面化して）業務を進めていくことが大切です。社会的にはますます専門家の説明責任は、重いと考えられるようになってきています。

　　一方、建築主も雑誌資料などうわべだけではなく、依頼相手の作品や仕事の進め方などを良く調べて、納得の上で仕事を依頼することが肝要であることはいうまでもありません。

※参照法令、契約約款など
・建築士法第18条の3（内容に関して適切な説明に関して）
・建築士法第18条の4（施工者への注意、報告に関して）

A. 設計者に係る紛争等の事例　　事例13

集合住宅の屋上(陸屋根)からの漏水事故をめぐって、設計者の責任が問われた事例

事例の概要

　ある一級建築士事務所は、鉄骨造2階建て約800㎡の集合住宅の設計・監理業務を受託しましたが、設計自体が複雑なので、施工期間中は常駐監理者をおいて監理業務を行いました。
　ところが設計図書の通り施工したパラペット納まりが原因と思われ、台風時に屋上から激しく漏水しました。建築主の依頼で別の建築士が調査したところ、屋根部分はデッキプレートコンクリート打ちスラブに高分子系シート防水、さらにその上に覆土して緑化スペースとなっていましたが、防水立ち上がり部は、防水平面部下地と同じコンクリートではなく、外壁仕上の耐水合板1枚がそのまま立ち上がって防水の下地となっていました。調査をした建築士は、覆土により重量がある平面部と、立ち上がり部の異種の防水下地による挙動の違いによる防水層の破断が当該漏水を引き起こしたと判断し、原因は設計ミスであると考えましたが、当該建築士事務所はこの判断を認めず、パラペットの納まりと漏水の間に因果関係はなく、原因はあくまで施工瑕疵にあると主張しました。

トラブルの処理

　この紛争事例では、本来防水立ち上がり部の下地は、重量による挙動や物性の違い等によって防水層の破断が生じないよう、設計段階で平面部と同材(コンクリートによる立ち上がり)とすべきであったと思われますが、設計時の技術的な検討不足、それを工事監理者、施工者ともに見逃したことにより、結果として漏水事故が発生した可能性があります。近年では木造建築でも居室の直上部にフラットルーフバルコニーによる屋上利用などを実現し、平面部、立ち上がり部共に気軽に耐水ベニヤ板敷きの下地に簡便なシート防水を施工してこれを納めていますが、この事例では屋根スラブはコンクリート打ちしているので、立ち上がり部も同材で一体打ちとする方がより確実であったと思われます。建設業法では、施工者が設計図書の通りに施工出来ない理由がある場合には、工事監理者に書面で異議を唱えることが担保されている(建設業法第23条の2)ので、設計者、監理者、施工者はよく協議して、雨水の侵入を防止する部分等については、設計図書にある納まりを施工の実施前に再度よく確認することが必要で、設計監理者の検討不足が認められた事例です。

ポイント解説とトラブルの回避・解決

　一般に雨漏りは、住宅の品質確保法の規定もあり、例えば屋上を違法な増築、異常な方法等で利用したケースなどを除き建築主には直接責任がないと考えられ、設計ミスや施工の瑕疵であるとされることが多いのですが、その判断は、建築の専門家である設計・監理者や工事施工者が社会通念上期待されている程度の(雨が漏らない建築物を建築するという)技術的なレベルを満足していないことによっていると思われます。実際には、漏水の責任が設計者、監理者、工事施工者のうちの誰にあるのか、その帰責事由をめぐって争われるケースが多いようです。また、関係者が共同して漏水の修補や損害賠償に当たるべきと判断されたような場合には、二者又は三者間における修補等に要する費用の負担割合等が問題となります。

※参照法令、契約約款など
・建設業法第23条の2(工事監理に関する報告)
・四会連合協定建築設計・監理等業務委託契約約款(関連条項：第17条(5)項、第23条参照)
・住宅の品質確保の促進等に関する法律第94条(住宅の新築工事の請負人の瑕疵担保責任の特例)
・民法第634条第1項及び第2項前段の規定など

A. 設計者に係る紛争等の事例　　　　　　　　事例14

屋上防水押えコンクリートの不十分な伸縮目地の施工による漏水は、設計の瑕疵か否かが問題となった事例

事例の概要

　　ある建築士事務所は、施工者の紹介で建築主と中規模ビルの設計監理契約を締結しました。設計及び確認申請業務を行い確認済証も取得し、紹介した施工者が工事を担当することになり、着工して7ケ月ほどで完成しました。しかし、竣工後1年で雨漏りがはじまり、外壁のパラペット廻りにクラックが発生してしまいました。建築主が調査をしたところ、屋上の押えコンクリートに十分伸縮目地が入っておらず、特に立ち上がり部で夏の炎天下、押えコンクリートの膨張でパラペットを押し広げ、防水層が破断していることが主な原因であることが判明しました。

　　設計図書では、特記仕様書と外部仕上表には屋上の伸縮目地の施工が明記されていましたが、屋根伏図、断面詳細図等には当該目地の配置や取り付け詳細などの記載は全くありませんでした。施工者は図面に記載漏れがあったために瑕疵となったのだから、補修費用は施工者のみならず設計監理者も負担するべきと主張しています。建築士事務所は工事監理も行いましたが、担当者は工事中3回程度しか現場に来なかったと施工者に指摘されています。

トラブルの処理

　　防水押えコンクリートの伸縮目地の記載が特記仕様書と仕上表にはあったのに、屋根伏図や断面詳細図には記載が無かったということから、図面間の不整合があったことは間違いありません。しかし、記載されている図書もあることから、これを看過したり、確認を怠った施工者にも落ち度があると考えられるため、この紛争事例では設計者、施工者双方に対し責任が問われています。さらに、建築士事務所は監理契約を同時に交わしており、監理業務において不適切な工事を見逃したことなどを考えると、監理責任を問われる可能性もあり、実際には修補費用等については、調停の場で施工者と設計監理者としての建築士事務所による負担割合の協議になりました。

ポイント解説とトラブルの回避・解決

　　建築士は、設計図書の記載事項に不整合がないように設計図書のチェックを入念に行うべきです。これは設計の瑕疵のうち、体裁の瑕疵に該当するものです。

　　設計変更が重なり、バルコニーの防水がある矩計図では一部シート防水＋一部モルタル防水、平面詳細図では全面アスファルト防水となっていたものが現場で全面モルタル防水となり大きな紛争になった事例もあります。

　　また監理者としては、特に重要な構造躯体と雨水の侵入を防止する部分に関する検査・立ち会い、工事監理については、自らが抽出等による立会い確認を実施するなど、特に入念にこれを行う必要があるでしょう。

※参照法令、契約約款など
・民間(旧四会)連合協定工事請負契約約款（以下、「民間連合協定工事請負契約約款」とする）第9条、第16条（設計、施工条件の疑義、相違など）
・四会連合協定建築設計・監理等業務委託契約約款第23条など

A B C D E F

A. 設計者に係る紛争等の事例　　　　　　　　　　　　　　　事例15

設計者が傾斜窓（トップライト）に不適切な材料を選択したために雨漏りが生じたと主張され、修補費用請求をされた事例

Case 事例の概要

　　ある一級建築士事務所は、鉄骨3階建ての戸建て住宅を設計しました。3階をできるだけ明るくしてほしいという建築主の要望を入れて、担当建築士は北側の斜線制限に合せて傾斜させた外壁に一般の嵌め殺しサッシを取り付けましたが、竣工直後の台風でこのサッシの下端から漏水が発生しました。その後、施工者が数回にわたって補修を行いましたが、漏水が止まりません。

　　建築主と施工者から、原因は不適切な材料を選択した設計の瑕疵であるといわれ、建築主は漏水による補修費用を全額負担するよう建築士事務所に求めています。

トラブルの処理

　　一般のアルミサッシは垂直面に取り付けることを前提に設計されています。傾斜外壁面に開口部を設ける場合には、トップライト用のサッシを用いるか、又は外壁を流れる雨水の侵入を防ぐ対策が不可欠です。こうした設計の基本を無視した結果、不具合を招いたものと思われます。この事例は、瑕疵ある設計ないし設計者の善管注意義務違反の可能性がありますが、施工者も不適切なサッシであることを知っていてこれを指示されるまま施工した場合には、そのことを設計者や建築主に告げていなければ施工者としての責任を問われる可能性があります。結果的には、本事例では建築士事務所は設計者として、被害に対して応分の補修費用を負担すべきとされています。

ポイント解説とトラブルの回避・解決

　　このような事態を回避するには、建築士は建築の材料や機種を選定するに当たり、その機能・性能を熟知して適切な材料・機種を選択し、十分配慮してこれを用いる必要があります。傾斜屋根で用いるサッシの仕様を決めるためには、サッシメーカーからの情報を得て、必要な問い合わせなども行い、適切なサッシの選定と適切な防水処置を検討（設計）する必要があります。

　　設計者は意匠だけにとどまらず、建材、材料、施工要領に関しても十分な知識と経験が必要で常に知識及び技能の維持向上に努めなければなりません。

　　工事共通仕様書や日本建築学会の建築工事標準仕様書などをよく読み、メーカーの施工要領書などにも目を通し、建築士として必要な知識を常に最新のものとする必要があります。

※参照法令、契約約款など
・建築士法第22条など
・民法第636条但し書き
・民間連合協定工事請負契約約款第17条(4), (5)項など

A．設計者に係る紛争等の事例　　　　　　　　　　　　　　　事例16

建売住宅の不同沈下の発生で、設計者の責任をめぐって争いとなった事例

事例の概要

　　ある一級建築士事務所は、約850㎡の一団の造成宅地に木造2階建て、概ね120～150㎡の建売住宅を5棟設計しました。ところがそのうちの1棟が、築後10年目になって「1000分の6程度の角度で床面に傾斜が見られ、明らかに不同沈下が発生しており、基礎や外壁にかなりのクラックが発生している」と診断され、居住者の生活にも支障をきたすような事態となったことから、紛争に巻き込まれました。当該設計業務では、建築主は建売業者でしたが、買主は、この建売業者に対し、基礎部分の修補を求め、基礎をジャッキアップする方法で改修することまでは合意しましたが、修補工事費の負担をめぐっては、盛り土の造成地であるにもかかわらず布基礎を採用した設計者の瑕疵もあり得るとして、当該建築士事務所にも負担させるべきと主張しました。

トラブルの処理

　　この紛争事例では、築後10年近く経過した時点で発生したとされる不同沈下（実際には正確な沈下の発生時期が問題になります）に対して、建売業者、設計者に帰責事由（責任が帰する理由）があるのか、という問題がありました。通常、造成地の盛土地盤などに地盤沈下が発生するとすれば、造成後2～3年目くらいまでであり、5年もすれば地盤自体は安定するのが一般的です。その後の沈下発生の原因としては、周辺の工事等による地下水脈の変動や、工事振動、地滑り、さく泉、擁壁の変形、地震の影響などが考えられますが、この事例のごとく一団の土地で、同時期に施工された複数の住宅のうち、一部の住宅に不同沈下が発生していることから、原設計や当初施工との因果関係は必ずしも定かではなく、周辺でなされた他の工事の影響、また、平成23年の東日本大震災など、想定外の大規模地震による被災なども影響する場合があります。

　　不同沈下については、契約上の瑕疵担保期間内、あるいは住宅の品質確保法による瑕疵担保期間内であれば、設計、施工の瑕疵担保責任が問われる可能性があり、これを過ぎていれば、不法行為の成否が問題になります。訴訟の場合には最終的には裁判所の判断になりますが、沈下が顕著になった時期の前後の周辺工事状況などを詳しく調査する必要があります。

ポイント解説とトラブルの回避・解決

　　一般的には、設計に当たって、埋め戻し土がある場合など地盤に不安があれば、建築士は、当初から十分な地盤調査を実施し、その結果に基づいて杭打ちをする、地盤改良をする、さらに基礎形式をベタ基礎にする、基礎形状や基礎の補強を検討するなどの十分な対応が必要になると思われます。

※参照法令、契約約款など
・不同沈下と床の傾斜について法的な基準はないが、一般的な目安としては「住宅紛争処理ハンドブック」55頁の表などがある。ただこの表の取り扱いについてはあくまで「参考事項」で、床面の傾斜が直ちに瑕疵であるというのではなく、そのことが「構造耐力上主要な部分に瑕疵が存する可能性」について、居住者の意識という形式で提示している。これは「住宅の品質確保の促進等に関する法律第74条技術的基準」に基づいた「平成12年建設省告示第1653号紛争処理の参考となるべき技術的基準第3各不具合ごとの基準1傾斜(2)床」において、「鉄筋コンクリート造住宅の床の傾斜が、3/1000未満であれば、構造耐力上主要な部分に瑕疵が存する可能性は低く、3/1000以上6/1000未満であれば瑕疵が存する可能性は一定程度存在し、6/1000以上であれば瑕疵が存する可能性は高い。」という告示内容を参考にしたもの。
　RCの技術基準としては日本建築学会「建築工事標準仕様書・同解説 JASS 5 鉄筋コンクリート2003」139頁「2節構造体及び部材の要求性能・部材の位置及び断面の寸法精度」に記載の諸表、「表2．1コンクリート部材の位置及び断面寸法の許容誤差の標準値」、「解説　表2．3現場打ちコンクリート部材の寸法精度」、「解説　表2．5コンクリート部材の断面寸法の許容差」がある。

A B C D E F

A. 設計者に係る紛争等の事例　　　　　　　　　事例17

隣地境界からの距離が不足していたことから瑕疵ある設計を指摘され、設計者が手直し費用を請求された事例

case 事例の概要

　　ある建築士事務所は、市街地の戸建住宅の設計・監理業務を受託しました。近隣は住宅が密集しており、敷地面積も小さかったため、建ぺい率いっぱいに、隣地と計画建物の距離も30cmほどで設計しました。設計の際、依頼者からは「離れが30cmでも問題ないか」との質問を受けましたが、「市街地であるし、この地域は他にも隣地からの距離が小さい建物が多いので心配ない」と答えました。ところが、建築工事が始まると隣地の住民から外壁を50cm離すように要望されました。このことを依頼者に相談すると、設計瑕疵が原因であるので、50cm離した上で、変更にかかるすべての費用は設計者が持つべきだと主張されました。

❗ トラブルの処理

　　建築基準法の規定のみではなく、民法第234条の第1項、第2項の規定に関係するトラブルです。隣地から外壁面の離れが50cmを切る場合には、防火指定などの地域の別にもよりますが、外壁を耐火構造にする民法の規定によって、隣地住戸より50cm離すなどの措置が必要な場合があります。変更出来なければ、隣地の所有者は計画を中止させることも出来るとされています。着手後1年を経過した後又は建築が完成した後には、建築主が損害賠償請求をされる場合もあります。本事例では、当該建築士事務所の対応は不十分であったと言わざるを得ません。

💡 ポイント解説とトラブルの回避・解決

　　周辺の建物の状況にもよりますが、建物の築造に当たっては隣地境界から50cm以上距離を置く、という民法の規定があることは建築主に正確に伝えなければなりません。また、住宅密集地など50cmを切ることが慣習となっている地域（民法第236条の規定）であっても、計画段階で近隣への説明を建築主にしておいてもらうなどの対応が必要です。

※参照法令、契約約款など
・民法第234条～第236条、関連規定は民法第209条～第238条まで
・建築基準法第65条（隣地境界線に接する外壁）の規定

A. 設計者に係る紛争等の事例　　事例18

設計内容が建築基準法で定められた共同住宅住戸間の界壁の遮音性能を満たしていなかったとして、設計者が損害賠償請求をされた事例

事例の概要

　　ある建築士事務所は、鉄骨造の共同住宅の設計に当たり、住戸間の界壁をALC下地の上に石膏ボード12.5mmのGL工法で設計図書を作成し、施工者は設計図書の通りの工事を行いました。しかし、竣工後、入居者から隣室の音が筒抜けで生活できないという苦情を受けました。

　　当初、建築主は施工者に対して補修を求めましたが、調査の結果、設計図書の通りの工事であり、もともとの設計自体が遮音性能不足であったことが判明しました。このことから建築主は遮音の補修工事費は設計者である建築士事務所が負担するべきだとして、修補費用を請求しています。

トラブルの処理

　　共同住宅の界壁の遮音は、居住者が生活をするうえで確保すべき基本的な性能であることから、建築基準法第30条、施行令第22条の3の規定に基づき、技術的基準（昭45告示第1827号）が定められています。設計者はこれを満たす設計をしなければなりません。告示などの技術的基準を満足していない場合には、違反設計で処分の対象となる可能性があります。

　　この紛争事例では、界壁にGL工法を用いていますが、この方法ではコインシデンス効果という特定の周波数（人間の声に近い）を通してしまう現象を招くおそれがあります。また、鉄骨造である事から、それぞれ乾式構法である床と壁の間、外壁と戸境壁の間、ボードのジョイント部などに隙間が生じ、その隙間からの音漏れが遮音性能不足の原因となっている場合もあります。こうしたケースでは施工瑕疵も重なっている可能性がありますが、いずれにしても、一義的には建築士としての知識不足による設計が招いた不具合と言えますので、改修に当たり建築士事務所には一定の費用負担が生じる可能性があります。

　　居住者の損害を考える際、どの程度の音漏れがあるか調査し、それが社会常識的にどのレベルの損害であるのかを判断するところから始めることになると思われます。

ポイント解説とトラブルの回避・解決

　　建築士は設計者として、建物用途、機能、部位別等において、様々な資料をもとに建築主の希望に応じて自在に活用できる仕様や詳細を常に用意しておくことが大切です。この事例の場合、特に、乾式構法における住戸間の遮音のディテール、仕様などの検討が求められます。建築設計は、単に建築基準法に適合させるだけではなく、生活環境全般に気を配る必要があり、建築士は常にそのための知識の向上に努めなければなりません。

※参照法令、契約約款など
・建築基準法第30条（長屋又は共同住宅の各戸の界壁）、施行令第22条の3（遮音性に関する技術的基準）など
・技術的基準（昭和45年告示第1827号）による仕様規定など
・民間連合協定工事請負契約約款第17条(4), (5)項など

A. 設計者に係る紛争等の事例　　事例19

住宅の防音に関する性能不足は設計が原因との理由で、設計者に対して追加の防音工事費用が請求された事例

事例の概要

　　ある二級建築士事務所は、ピアノ練習室のある住宅の設計・監理業務を受託し実施しましたが、住宅の完成後、ピアノ練習室にピアノを搬入して演奏したところ、音が家中に響きわたり、練習室の遮音機能は不十分なレベルでした。担当設計者は、十分な防音仕様であると建築主に説明していましたが、結果的には満足な防音性能レベルとはなりませんでした。その後、防音のための大幅な追加工事を行ったところ、追加防音工事費が本体請負工事費の20％を超える金額になり、建築主からは約束違反ということで、その追加工事費用を設計監理者である建築士事務所も負担するよう求められました。

トラブルの処理

　　設計者の防音（遮音や吸音の総合的な性能）設計に関する知識不足が招いてしまったトラブルです。当初からピアノ練習室の計画であったにもかかわらず、一般的な遮音性能程度の仕様で設計していました。当然、ピアノの音を防ぐことはできません。結果として本格的な防音設計に変更して、改修工事を実施せざるを得なかったと考えられます。設計者は当初より建築主からピアノ練習室を要望されていたことから、それは設計条件（契約内容）であり、所定の性能を満たしていない場合には設計者に一定の責任があると言わざるを得ません。

　　しかし、設計者は建築主の予算の範囲で設計していることから、追加して行われた防音工事によって無駄になったのは、当該部分の当初工事の費用とその取り壊しに係る費用であり、防音工事そのものの費用は当初から必要な費用（グレードアップに近い）であったと考えられます。こういったことも勘案してその負担割合については、不当利得とならないよう調停案に沿って建築主と話し合っていくことになりました。

ポイント解説とトラブルの回避・解決

　　設計者は、建築主から様々な要望を受けて設計を行います。特にそれが機能・性能面での要望の場合、建物竣工後明白にその結果が効果として検証されることから、この事例のように満足な効果が出ない場合には、往々にしてクレームや紛争となりがちです。

　　こうした中でも、遮音・防音性能や断熱性能、温度・湿度の調整、室内の明るさなどは設計段階でシミュレーションが可能です。建築主が求めている性能がどの程度のレベルなのか、十分に確認したうえで性能と用途に合わせた工法の選択、材料の選定、設備機器の選定等が必要となります。

　　建築士法第22条「知識及び技能の維持向上」の趣旨に則り、建築士は、日頃から十分な技術的研鑽を積む必要があります。

※参照法令、契約約款など
・建築士法第22条など
・音響設計に係る各種資料など

A. 設計者に係る紛争等の事例　　　　　　　　　　　　　　事例20

設計図書に不適切な建材を記載し、そのまま施工されたことで発生した不具合について、設計者に修補請求がなされた事例

🔍 事例の概要

　ある建築士事務所は、診療施設の設計・監理業務を受託し実施しましたが、引き渡し後間もなく、床暖房を敷設した床に敷いた長尺ビニル床シートのあちこちに膨れが発生しました。調査の結果、施工された長尺ビニル床シートは床暖房に非対応であることが判明しています。当該建築士事務所では、施工者に対して補修を求めていますが、施工者は、設計図書の通りに施工して発生した不具合は、設計瑕疵であると主張し、当該建築士事務所が費用負担をしてくれなければ改修工事は行わないとしています。

❗ トラブルの処理

　この事例では、まず施工段階で、設計図書に指定する通りの床材メーカーの製品が使用されているか、あるいは施工計画書通りの方法で施工が行われているかなどについて調べる必要があります。設計が適切であり、設計図書に定める方法や施工計画書の通りに施工されていない場合は、施工瑕疵の可能性があります。また、工事監理者が設計図書の通りに施工されているかいないかの確認を怠っていた場合には、工事監理者の責任も考えられます。こうした様々な確認のため、丁寧に事実経過を追う必要があります。

　一方、材料や仕様が設計図書の定める通りに施工されている場合には、設計者の不適切な床材料の選定に関して、善管注意義務違反を問われる可能性が大きいと思われます。

　ただし、施工時点で施工者が当該材料による施工の実施が将来問題となることに気が付いていた場合は、その旨を建築主に告げる必要があり、知っているのにこれを告げなかったケースでは、施工者にも一定の責任が生じる可能性があります。（民法第636条ただし書、民間連合協定工事請負契約約款第17条（4）,（5）項など）

💡 ポイント解説とトラブルの回避・解決

　適切な設計を行うには、最新の知識技術を常にわきまえ、特に輸入品や新しい材料、工法を採用するときはメーカーなどのカタログ、施工要領書などを精査した上で設計図書に織り込む必要があります。そのため、建築士は常に新しい技術の習得に努める必要があることは建築士法でも明記されています（建築士法第22条）。

　また、万が一の設計ミスのために、建築士事務所は、公益社団法人日本建築士会連合会や他の建築関連団体などが行っている「損害賠償責任補償制度」による補償保険に加入することなども有効なリスク管理の一つです。

※参照法令、契約約款など
　・建築士法第22条など
　・民法第636条但し書き
　・民間連合協定工事請負契約約款第17条(4),(5)項など

A B C D E F

A．設計者に係る紛争等の事例　　　　　　　　　　事例21

設計者が良かれと思い建築主に無断で設計変更したところ、予定の車が車庫に出入不能になってしまい、損害賠償請求をされた事例

case 事例の概要

　　ある建築士事務所は、傾斜地に建つ専用住宅の設計・監理業務を受託しました。設計段階では建築主が購入する予定のハイルーフ車の高さに合わせて車庫の上部にテラスを設けました。しかし、1階の床よりテラス床が高くなるため、不便だろうと思い、建築主に十分な説明をせずに、テラス床の高さを10cmほど下げました。現在所有している車では支障がないと考えたのですが、その結果、新たに購入予定のハイルーフ車の出入りが出来ない車庫となってしまい、建築主からその他の瑕疵の主張とあわせて損害賠償請求をされました。

トラブルの処理

　　設計者は建築主が将来ハイルーフ車を購入予定であることは聞かされており、設計段階ではそれにかなうものとしました。しかし、工事段階で、テラスへの出入りや雨仕舞いを考え、良かれとの思い込みから設計変更を行い、その結果、有効高さの不足でハイルーフ車が出入庫不能になってしまいました。

　　1階のテラスを下げる設計変更について、当然なすべきである建築主への確認や変更したことの的確な報告を設計者は怠っています。「現在の車が入れば良いのでは」という思い込みがトラブルを招いてしまった設計ミスの事例です。

　　この紛争事例では、設計者としての責任は逃れることは出来ないでしょう。当初設計図書と異なった内容に変更するには建築主への報告と説明を行い、同意を得て、進める必要があり、それを怠ったことは、善管注意義務に違反すると考えられ、一定額の損害賠償義務を負うことになりました。

ポイント解説とトラブルの回避・解決

　　工事段階における設計内容の変更は、当初の設計と同様、建築主に説明し、合意を得て進める必要があります。設計者としても工事監理者としても気を付けなければならない基本的な心構えです。また、この事例のように建築主の意思（購入する車種など）が工事施工段階であっても未だ曖昧で不確定な場合もあります。

　　たしかにテラス床が1階床面より高いことは、日常の出入り、雨仕舞いの面で出来上がってから問題となるおそれがあるため、本来は設計者が当初の設計段階で、テラス床面を上げるための代替案などを考え、提示するべきであったと思われます。

　　基本的にはこのような問題を残したまま、曖昧な設計としないことが大切であることはいうまでもありません。

※参照法令、契約約款など
・建築士法第18条2項など
・善管注意義務　民法第644条など

A. 設計者に係る紛争等の事例

事例22

マンションリフォーム工事で、竣工後の排水不良は瑕疵ある設計によるものであるとして、修補費用請求をされた事例

CASE 事例の概要

　　ある工務店（二級建築士事務所）は、マンションの専有部分のリフォーム工事を設計監理・施工一括で受注しました。現状の内装をすべて撤去して行うリフォームでしたが、共用部分の設備配管については管理規約上、手をつける事が困難であったため、専有部分についてのみ更新する計画としました。

　　リフォームを行った結果、共用部分と占有部分の排水配管の接続部分で、長年の錆により排水管内が半分以上詰まっていることがわかりましたが、当該接続部分からだいぶ専有部分に入ったところで、配管を切断しその先を更新して引き渡しました。

　　しばらくたつと、トイレの配管が詰まり、逆流してしまう事故が発生しました。原因はトイレ床をバリアフリー化したことで、十分な排水勾配が確保出来なかったこと、また配水管が老朽化していたことで、流れが悪くなっていたことによっていたようです。依頼者は、建物の築年数から、このような状況は簡単に想像でき、それに対応した設計施工が出来たはずであると、改修の費用については、当該工務店が負担するよう求めました。

トラブルの処理

　　この紛争事例は、築年数から本来予測出来たはずの配水管の劣化に気付かず、またバリアフリーを優先させるあまり、排水勾配の不足に思い至らなかったなど、基本的には設計・施工者の経験不足によって事故が発生したもので、当該工務店は一定の費用負担をしています。

ポイント解説とトラブルの回避・解決

　　リフォーム工事などは、解体してみないとわからない既存状況があるため、それらの不確定な状況については、様々な可能性について事前に依頼者へよく説明しておく事（場合によっては、費用負担増しの可能性があるなど）が大切です。また設計監理者の立場では、直接の工事施工者からこうした報告を的確に受け、迅速に対処することも必要です。

※参照法令、契約約款など
　・善管注意義務　民法第644条など

A. 設計者に係る紛争等の事例　　　　　　　　　　　　事例23

建材の小さな見本（カットサンプル）による建築主への確認で施工者に指示をしたが、施工後にイメージが違うといわれ、建築主から設計者が業務報酬の減額を求められた事例

事例の概要

　　ある二級建築士事務所は、木造住宅の設計監理を行って、工事は、ほぼ完成引き渡しの状態まで進捗しました。この住宅では建築主が無垢のフローリングにこだわっていたため、実物のカットサンプルで説明し、この材料を使うことの承認を得たので、建築主にその旨の確認のため議事録にサインをしてもらいました。

　　しかし、フローリングを張り終わった時点で、仕上がりのイメージや色合い、継ぎ目のピッチなどが思っていたのと全く違うと言われ、小さなカットサンプルで決定を求められたことで、全体イメージが十分理解できず、そうした方法で承認を求めた設計監理者に責任があるといわれ、張り直しを求められています。建築士事務所の担当者は、このまま工事を続けるのであれば、業務報酬を大幅に減額するよう建築主に求められています。

トラブルの処理

　　本事例では、まず無垢のフローリングは天然素材であり、全く同じものはこの世に存在しないことを再度説明すべきでしょう。そして、カットサンプルが間違いなく現場のフローリング材料であることを伝票などで証明しましょう。また、議事録の署名で建築主に承認されていることを繰り返し示すなどして、それでも張り直しを求められた場合には、建築主の費用負担で工事を行わざるを得ないことを説明する必要があります。この事例では、業務報酬の減額要求には根拠がなく、建築主の我儘とも考えられます。話し合いで解決出来ない場合は弁護士と相談の上、法的な手段による解決も考える必要があります。

ポイント解説とトラブルの回避・解決

　　建築主の中には、悪意でなくとも材料や空間のイメージを言葉や画像でいくら説明しても理解出来ない人がいます。このようなクライアントは、設計の打ち合せ段階である程度見分けがつくものです。立体的な空間イメージが不得意な人、色彩感覚にやや欠ける人などには出来るだけ説明に注意を払い、言葉や図面だけではなくショールームなどを利用して可能な限り類似の空間を体験させるような努力が必要となります。一般にこのような空間としてのイメージを喚起することが不得意なクライアントは、クレームの最後に「建築に関しては素人だから説明を聞いてもわからなかった」という言葉をよく口にするので、説明する側も十分に注意し、説明して合意を得た経緯などは、きちんと記録しておくよう心掛けるべきです。

※参照法令、契約約款など
・四会連合協定建築設計・監理等業務委託契約約款第2条（協議の書面主義）など

A．設計者に係る紛争等の事例　　　　　　　　　　　　事例24

低層共同住宅の竣工後、近隣の類似の建物所有者から自分の建物と「うりふたつ」というクレームが建築主に寄せられ、設計者が建築主らから説明を求められた事例

事例の概要

　ある一級建築士事務所は、建築主が持参した外観スケッチをもとに低層共同住宅の設計をしましたが、出来上がった建築物が近隣の全く別の建築物と「うりふたつ」といわれ、当該建築物の所有者から著作権侵害ではないかという指摘を受けた建築主が、当該建築士事務所に事実確認等の説明を求めました。設計者は、その近隣建物の存在については全く知りませんでした。その後近隣建物の設計者からも連絡があり、著作権侵害の紛争に発展する可能性があります。

トラブルの処理

　この事例では「うりふたつ」という曖昧な表現を、どこまで客観的な類似性や同一性として証明できるかが争点となります。基本的には、建築主のスケッチには曖昧な部分も多く、また敷地条件など外在的な条件でその通り実現出来ない部分が多々あるため、当該スケッチなどを実際の建築物として設計していく段階で、設計者の独自性は必ず表れてくるはずです。
　従って、酷似している、うりふたつという指摘だけで、別の設計図書によって建てられた建築物が著作権侵害であるとの判断は直ちに下せない場合が一般的です。また特許権と異なり、仮に設計者が近隣の建物を知らなかった場合には、いくら似ていても著作権侵害とはならない場合もあるので、この事例では全然別個の創作行為であり「たまたま似ているに過ぎない」のであれば、それを建築士が証明するのはそれほど難しくないと思われます。

ポイント解説とトラブルの回避・解決

　建築士は設計に際し、類似施設を参考にする、あるいは模範とする国内外の作品などを意識してデザインすることはごく一般的に行われています。仮に国内外の作品などを意識するにせよ、建築主のスケッチをもとにするにせよ、自らの設計する建築物となるために考えることをそこに盛り込み、独自性のある建築物としていくことが望まれるのはいうまでもありません。特に建築主が建物の外観やインテリアなどにおいて、あらかじめ希望するイメージがある場合、その出所等を設計者として確認しておくことも必要です。
　建築士は、建築設計のプロセスの中で、自分の考え方をどのように反映していったのか、過去の作品や設計過程のスケッチなどから建築設計者として、自らの独自性や作風を自覚し、主張できるよう、普段から考え、準備等をしておくことが必要でしょう。

※参照法令、契約約款など
　・著作権法については、大森文彦「建築の著作権入門」（大成出版社　2006）参照

A．設計者に係る紛争等の事例　　事例25

前任者が契約解除された設計業務を引き継ぎ、前任者の設計を踏襲したところ、当該前任建築士から著作権侵害を指摘された事例

事例の概要

　　建築士事務所A（一級建築士事務所）は、7階建てのテナントビルの設計を依頼されました。建築主は、1年近く当該建築士事務所と打ち合せを重ねましたが、やがて、建築士事務所Aは自分たちの希望をかなえてくれるというよりは、自らの建築の作風を押し付ける傾向があると判断するようになり、結局別の建築士事務所Bに依頼することにして、建築士事務所Aとの契約を解除しました。ところが、建築主は時間をかけて打ち合せをした建築士事務所Aのなした外観デザインそのものは大変気に入っていたので、建築士事務所Bにもその旨を伝え、建築士事務所Bは言われるままに外観デザインがほとんど同じ設計図を作成し、建築物は完成しました。ところが竣工後、建築士事務所Aから建築士事務所Bの作成した設計図は建築士事務所Aの設計図の複製であり、著作権侵害は明白であり、氏名表示権も侵害した、というクレームがつき争いとなりました。

トラブルの処理

　　この事例では、建築の設計図面が著作物と考えられるかどうか、また全く同一ではなくても、著作物の同一性が認められるか否かが争点となります。この事例では建築士事務所Bは、建築士事務所Aが設計した建物の外観をほとんどそのまま踏襲していますので、建築士事務所Aに対する著作権侵害と著作者人格権侵害が認められる可能性が高いと思われます。

ポイント解説とトラブルの回避・解決

　　上記のごとく建築士事務所Bは、仮に建築主の指示があろうと、基本的には別の案を作成するか、建築士事務所Aと調整して建築士事務所Aの名前で発表する（氏名表示する）などしないと、著作権等の侵害で損害賠償を請求される可能性があります。一方で、四会連合協定建築設計・監理等業務委託契約約款を用いて契約しているような場合には、契約上、契約解除後も建築士事務所Aのデザインを建築主が利用できる（第27条第1項：解除の効果）規定があり、建築主は当該デザインによって建築することは可能です（同約款第10条）。
　　もちろんその場合でも著作権自体の帰属は建築士事務所Bではなく、建築士事務所Aにあると考えられます（同約款第9条）。

※参照法令、契約約款など
・著作権法等：大森文彦「建築士の法的責任と注意義務」（新日本法規出版　2007）には「他人が作成した設計図書を変更したものが、著作権侵害の責任を問われた事例」3例が紹介されている。170頁〜187頁参照。
・四会連合協定建築設計・監理等業務委託契約約款第27条、第10条、第9条など

B．監理者・工事監理者に係る紛争等の事例　　事例26

確認申請書に自ら工事監理者として届けたものの、実際には業務実態がなかったが、当該届けを取り消さなかったことで、工事監理責任を問われた事例

事例の概要

　　ある建築士事務所登録のない工務店は、受注した木造2階建て180㎡の住宅建築について、確認申請程度の設計だけという条件で一級建築士事務所に設計を依頼し、とりあえず確認申請時点だけ工事監理者としても届けてほしいと依頼しました。当該建築士事務所では以前からの慣習なので、確認申請業務の代行の際にこれを引き受けましたが、実際には建築主との監理契約もなく監理業務は行いませんでした。ところがこの住宅で重大な施工上の瑕疵が発生し、紛争となりましたが、工事監理者として届け出ていたので、当該建築士事務所も責任を問われました。

トラブルの処理

　　当該建築士事務所（担当建築士など）は、外見的には工事監理者であり、仮に業務実態が無くても、それを認識し、同意していたと見做され、建築士法第2条の2〈職責条項〉、あるいは名義貸しなどの建築士法第24条の2違反に問われる可能性があります。また、建築士法第10条の規定による処分の対象となる可能性もあります。さらに同法第24条の7及び8（書面）の虚偽記載の問題もあります。建築物に瑕疵が生じれば、不法行為責任を負う可能性もあります。

　　この紛争事例では、当該建築士事務所（担当建築士など）は、監理業務を行う意思がないにもかかわらず、確認申請書に工事監理者として記名押印していたことによって、建築士として建築士法違反による処分の対象となるでしょう。また、業務実態がなかったにもかかわらず、工事監理者としての届けを変更していないことから、監理者としての責任を問われます。監理業務のうち、工事監理の業務は一定の建築物においては法の義務であり、当然建築主は工事監理者を置かなければ建築工事をすることは出来ません。契約の有無や契約の定めにかかわらず、工事監理の実施は法による建築工事の前提です。従って、工事監理者には本来重大な責任があることを建築士は、十分理解していなくてはなりません。

　　なお、建築確認申請書に工事監理者として届け出た者は、自ら工事監理を行わないことが明確になった段階で、変更届をさせる等適切な措置をとらない場合、不法行為責任を負うとする最高裁判所の判例（平成15年11月14日）があります。

ポイント解説とトラブルの回避・解決

　　確認申請時点で、必ずしも工事監理者を決定しておく必要はないことから、当該建築士事務所は、外見的には自らの意思で工事監理者として届け出たと判断されても仕方がありません。また監理の業務実態が無ければ、この届けを変更する必要があったわけで、当該工務店に対してこうした断りや働き掛けもしていなければ、工事監理をする義務があったにもかかわらず業務に懈怠があったと判断され、様々な責任を負う可能性があります。この事例では、当該建築士事務所は、建築士としての資質を問われるような重大な判断ミスをしており、十分な自覚と注意が必要でしょう。

※参照法令、契約約款など
・建築基準法第5条の4（建築主が工事監理者を置かなければ工事をすることができないという建築主の義務規定）
・建築士法第2条第7項（工事監理の定義）、第18条の3、第10条第1項の規定、第24条の7、第24条の8 など

| A | **B** | C | D | E | F |

B．監理者・工事監理者に係る紛争等の事例　　事例27

工事段階で監理契約がないまま設計意図伝達業務のみを行っていたが、施工瑕疵が発生したことから監理責任を問われた事例

事例の概要

　　ある一級建築士事務所は、延べ面積350㎡の建築物の設計業務を受託しました。担当した開設者である建築士は監理業務も引き続き受託できると考え、確認申請時の工事監理者欄に自分の名前を書きましたが、その後、結局監理契約がないまま、設計意図伝達の観点から必要な求めに応じて、現場に通い、施工者から細かい相談をされて、実質的に監理業務に近い照合や確認業務を行っていました。建築主には、監理業務委託契約の必要性等について何度も相談しましたが、契約には至らず、さらに竣工後、建築物の2階部分で施工瑕疵による遮音性能が不十分な部位があり、これを看過した監理責任を問われたので、監理契約がない旨を説明したのですが、工事監理者の届けが当該建築士名で為されていたことから、建築主は、建築士に監理責任があると主張し、建築士は不具合の責任を問われ、争いになりました。

トラブルの処理

　　この紛争事例では、監理業務委託契約がないにもかかわらず、工事監理者として届け出ている建築士は工事監理に起因する問題が生じたことで、その責任からまぬがれ得ないのか、という点が争点になりました。

　　結論からいえば、この建築士は、確認申請書に工事監理者として記名押印していたこと、実質的に監理業務を行っていたことなどによって、監理者としての責任を問われることになりました。監理業務のうち、工事監理の業務は一定の建築物においては法に定める義務であり、当該建築物は350㎡の規模ですから、当然建築主は工事監理者を置かなければ建築工事をすることは出来ません。建築主から設計契約時点では、当該建築士との間で工事監理業務も含むという合意があったはずなどと主張されたならば、契約書面等がないだけにこれに反論するのは難しくなるでしょう。なお、設計意図の伝達は、原設計者が行うことに合理性がありますが、この業務は工事施工中に行われる業務であるというだけで、あくまで設計業務であり、監理業務ではありません。また、この事例では、当該建築と事務所は建築士法第24条の8に定める書面交付義務違反を問われる可能性があります。

ポイント解説とトラブルの回避・解決

　　一般に建築主は、監理業務は設計業務に付随するサービス、あるいは監理は工事施工者がやるものなどと考えているケースが多く、正しい理解を得るためには、十分にこの業務について説明する必要があります。

　　また、設計の意図伝達業務は、監理者の業務とは全く異なる、設計者の実施設計の業務（告示第15号）であることをよく説明し、監理業務の契約は別個に設計と併せて行う必要があります。

※参照法令、契約約款など
・建築基準法第5条の4（建築主が工事監理者を置かなければ工事をすることができないという建築主の義務規定）
・建築士法第2条7項（工事監理の定義）
・国土交通省平成21年告示第15号　別添一：一．工事監理に関する標準業務の(4)工事と設計図書との照合及び確認

B．監理者・工事監理者に係る紛争等の事例　　事例28

建築主が、建設会社には工事の瑕疵担保責任で、同社の監理業務の担当建築士には不法行為責任で、損害賠償請求をした事例

事例の概要

建築主は、ある建設会社に低層の共同住宅を設計施工一括で発注しました。ところが引き渡し直後に瑕疵が発見され、工事監理担当者である当該建設会社の担当建築士の工事監理に問題があったことで当該施工瑕疵が発生したとして、建築主が当該建設会社には、瑕疵担保責任を理由に損害賠償を請求し、同時に当該建設会社の社員である工事監理担当者個人には、善管注意義務違反を理由に不法行為責任による損害賠償を請求した事例です。

トラブルの処理

この紛争事例のように、設計施工一括契約の場合、もし施工上の瑕疵が発覚すれば施工者としての責任のほか、工事監理に関する責任も問われる場合があります。ここでは、工事監理契約の当事者も建設会社ですので、建設会社に契約違反の責任追及が可能ですが、さらに、従業員である建築士個人の不法行為責任が追及されました。一般的には、保持する資力の点で、施工者を訴えることが多いと思われますが、設計施工分離の場合でも工事監理者個人が責任追及されないとは限りません。

なお、仮に設計に瑕疵があったとすれば、建設会社に設計に関する責任が、設計者個人に不法行為責任が追及される可能性があります。

ポイント解説とトラブルの回避・解決

一般的には、すべての施工の瑕疵について、工事監理者の責任が認められるわけではなく、合理的な方法で確認していれば、善管注意義務を果たしていたと認められ、その責任は施工者にあることになります。基本的には施工者の工事に起因する施工瑕疵は、施工者の責任とされるべきものであるものの、昨今では、施工者の倒産や様々な事情で工事監理者が個人として、不法行為で損害賠償請求されることもあるので、十分な注意が必要です。

工事監理者の監理責任については、非常駐監理であっても、また、この事例のように工事監理者が施工会社の社員であっても、構造上重大なもの、雨水等の進入に関するもの、安全性に係るものなどについては、施工のミスとともに監理者がこれを見逃した責任も応分に追求される可能性があるので、この点には注意しなければなりません。

※参照法令、契約約款など
・建築士法第2条第7項（工事監理の定義）
・善管注意義務　民法第644条
・国土交通省平成21年告示第15号　別添一：一．工事監理に関する標準業務の(4)工事と設計図書との照合及び確認

B. 監理者・工事監理者に係る紛争等の事例　事例29

建築主が共同住宅の新築工事で、契約上の瑕疵担保期間経過後に建設会社と工事監理の担当建築士に対し、共同不法行為責任による損害賠償請求をした事例

事例の概要

建築主は、ある建設会社に低層の共同住宅を発注しました。ところが引き渡し後、２年間の瑕疵担保期間を半年ほど過ぎた時点で重大な瑕疵が発見されました。当該建設会社に加えて、別途に監理業務を委託した建築士事務所の工事監理者である担当建築士の工事監理業務内容にも大いに問題があったことから当該施工瑕疵が発生したとして、建築主は当該建設会社と同時に、当該建築士事務所の社員である工事監理担当者個人を特定して、善管注意義務違反などを理由に共同不法行為責任があったとして損害賠償を請求した事例です。

トラブルの処理

この紛争事例では、建築主は契約上の瑕疵担保期間（契約責任）が過ぎてしまっているので、工事請負契約相手の建設会社に対し、瑕疵発生を隠蔽したなどとして、不法行為責任で追及することとし、一方で別途に工事監理業務を委託した建築士事務所の担当者従業員である工事監理者（建築士）個人に対する不法行為責任も併せて、共同不法行為による損害賠償請求をしています。

この事例のように、竣工後の瑕疵担保責任が契約上過ぎてしまった場合でも、不法行為責任が問われることがあります。さらに建築主が施工瑕疵の存在と同時に、工事監理者の懈怠や不法行為を重く見れば工事監理者にも請求することはあり得るケースでしょう。

ポイント解説とトラブルの回避・解決

すべての施工の瑕疵について、工事監理者の責任が認められるわけではなく、合理的な方法で確認していれば、善管注意義務を果たしていたと認められ、その責任は施工者にあることになります。基本的には施工者の工事に起因する施工瑕疵は、施工者の責任とされるべきものであるものの、前述のごとく昨今では、建築士事務所に所属する担当者である工事監理者が、個人として不法行為で同時に損害賠償請求されることもあり得るので、十分な注意が必要です。

工事監理者の監理責任については、非常駐監理であっても構造上重大なもの、雨水等の進入に関するもの、安全性に係るものなどについては、施工のミスとともに監理者がこれを見逃した責任も応分に追求される可能性がある点は、すでに見てきた通りです。

※参照法令、契約約款など
・建築士法第２条第７項（工事監理の定義）
・善管注意義務　民法第644条
・国土交通省平成21年告示第15号　別添一：一．工事監理に関する標準業務の(4)工事と設計図書との照合及び確認

B．監理者・工事監理者に係る紛争等の事例　　事例30

追加工事代金をめぐって、監理者の査定額が施工者の見積額と大幅に食い違った場合の処理をめぐる事例

事例の概要

　　ある施工者は、数度にわたる設計変更で、多額の追加変更工事が発生したとして、追加工事代金を請求しました。これに対し、建築主は工事に瑕疵があると主張し、損害賠償請求をしています。対象となる建築物は地上9階建て、SRC造で、用途は貸店舗、貸事務所、賃貸住宅で構成されています。

　　施工者は、数度にわたる設計変更で、多額の追加変更工事が発生したこと、未払い追加工事代金の建築士事務所査定額は不当で受け入れられないこと、さらに、建築主が主張している瑕疵の多くは設計者の材料選定の誤りや設計図書の指定以上に施工精度を求めたことなどに起因すると主張しました。

　　建築士事務所は、依頼者の代理者として、施工者による追加見積りについては、どの部分が追加変更かわからない箇所もあるので、契約時の見積りと対応できるように整理することを施工者に求めましたが、施工者はこれに従わなかったので、やむなく自ら内容を精査し、契約時の見積りと比較し査定したこと、さらに施工の瑕疵は、施工者の能力の不足、及び工事監理者の指示通りに施工しなかったことが原因で発生したと主張しました。

トラブルの処理

　　この紛争事例では、利害関係人として依頼者を代弁した設計監理者が確認申請直後から床面積の変更まで含むすべての階の平面の変更を行っています。

　　施工者は全面的な見積り直しを行い、元見積りと比較できる形での見積書作成は困難なので行わなかったために、設計・工事監理者は査定に手間取り、査定が終わらないまま工事が終了したものです。その後、まとめて請求された追加見積額と、設計監理者による査定額が大幅に乖離しました。

　　このような場合、最終的には本件のように訴訟の場で、追加工事代金の適正額について決着をつけざるを得ませんが、そのためには双方ともにかなりの費用・労力・時間を要することになり、かつ必ずしも自分の思うような結論がでるとは限らない可能性があります。

ポイント解説とトラブルの回避・解決

　　設計監理者は、請負金額確定の後、設計内容の追加変更を行う場合、施工者から提出される追加変更見積りは競争者がいない（特命工事の）ため、元見積りに比べ、割高になる傾向があることを知っておくべきです。また、設計変更に当たっては、その都度施工者と打ち合せして工事費の増減を把握し、依頼者に相談しながら進めたいものです。

　　また、施工者は、手直し工事や瑕疵修補工事には誠実に対応し、後々のため、建築主と良好な関係を保つよう努めるべきです。

※参照法令、契約約款など
・四会連合協定建築設計・監理等業務委託契約約款業務委託書E監理業務7．条件変更による設計変更701、大規模の設計変更（設計業務と監理業務が一括して委託されている場合）、702軽微な設計変更、の各項を参照
・民間連合協定工事請負契約約款第28条工事の変更、工期の変更参照

B. 監理者・工事監理者に係る紛争等の事例　事例31

監理者の業務範囲と、建築主が直営で行う工事の瑕疵責任の範囲等が問題となった事例

事例の概要

　　ある建築士事務所は、建築主と中規模ビル（約2,000㎡）の設計監理契約を締結しました。設計及び確認申請業務を行い確認済証も取得しました。工事については、ある施工会社が請け負いましたが、実際には建築主が知り合いの業者に直接依頼した内装工事と設備工事の一部は当該施工会社ではなく、建築主の直営工事とするということで、着工しました。

　　現場では直営工事の部分について、建築主が直接監理するということで工事が進んでいます。一応図面通りに工事をしていますが工事監理者として口をはさむ余地がありません。この場合、完成後に瑕疵が見つかったとき、工事監理者の照合・確認の責任範囲等はどうなるのか、不安になった担当建築士は、念のため直営工事の部分については、監理者に責任が及ばないという念書を建築主と取り交わしました。

トラブルの処理

　　確認申請上の設計者、工事監理者には、業務委託契約の有無や責任とは別に、当然ながら建築基準法上も建築士法上もその建物について一定の法的責任が発生します。たとえ直営工事であってもその工事部分が設計図書から逸脱していることを容認することは出来ません。万一、そのような場合には、設計図書との不整合について文書で記録を残し建築主に報告しなければいけません。直営工事であっても工事監理者には、工事監理や監理報告の義務が消えるわけではありません。その報告をどのように考えるかは建築主の判断になります。

　　直営工事に関して工事監理者の責任を除外する念書に関しては、その文面について弁護士の助言を仰いでください。単純に念書があるから責任を回避できるかというと、一般にそうとは限りません。建築主が無資格者である場合には、監理業務に含まれる建築士の独占業務である工事監理業務やこれに関する業務については、行うことが出来ないからです。

ポイント解説とトラブルの回避・解決

　　最近、コスト削減のために分離発注や直営工事など、これまであまり一般的でなかった変則的な契約形態もとられるようになってきました。通常の請負契約を前提とした契約約款などでは必ずしも責任関係が明確にならない複雑な契約形態もあるようです。建築主と各職種間で個別に請負契約を結び、個々の契約がきわめて少額のものもあるようです。

　　このような契約に対処する場合は法律の専門家・弁護士の助言が不可欠と思われます。トラブル回避のためも事前に弁護士に相談すべきでしょう。

※参照法令、契約約款など
・建築基準法第5条の4（建築主が工事監理者を置かなければ工事をすることができないという建築主の義務規定）
・建築士法第2条第7項（工事監理の定義）
・建築士法第3条、第3条の1～3（建築士でなければできない業務の規定）など

B．監理者・工事監理者に係る紛争等の事例　事例32

隠蔽部分の納まりが設計図書と異なっていたことを理由に、建築主が工事監理者に対して損害賠償を求めた事例

事例の概要

　　竣工後の木造住宅建築で、1階の居間床の隠蔽部分に設計図書と異なる部分があり、設計監理を一括して担当した建築士事務所には、これを看過した工事監理責任があるという理由で、建築主は契約した当該建築士事務所に対して全面的な再施工による修補相当額を損害賠償額として支払えと主張しました。瑕疵の内容は、①居間床面の土間からの立ち上がり高さが設計図と微妙に異なっている。②床下の土間コンクリートの厚さが不足している。③床組みをするための「転ばし根太」がボルトではなくコンクリート釘で止っている。というものでした。これらは設計図書の内容とは異なっていました。

トラブルの処理

　　工事監理の確認業務は何をどこまでやるのか、という問題を含んだ紛争事例です。国土交通省平成21年告示第15号の工事監理の標準業務では、この確認は「合理的方法」で行えばよいとされており、このケースの申し立てのように隠蔽部分も含めてすべてを細かく見るのが合理的な方法による確認の範囲内かどうか、が特に争点になりました。
　　実際には①は、床面の高さは土間コンによる防湿措置も取られており、特に法令違反や納まり・機能障害等がない場合には、実害がないことから瑕疵ではないといえそうです。②は、隠蔽部分である土間コンの部分の厚さの確認は、非常駐の監理者が合理的な方法によって確認する範囲を逸脱しているといえれば、工事監理業務の確認行為に懈怠はないといえそうです。③は、あらかじめ土間コンに固定用のボルトを埋め込んでおくことが設計図書で指定されていないことから、より簡便なコンクリート釘打ちとしたもので、床組みに不具合が生じているなどの障害がなければ、これも瑕疵ではないといえそうです。

ポイント解説とトラブルの回避・解決

　　合理的な確認を怠っていなければ工事監理者に業務の懈怠はなく、この事例のように出来上がった部分を壊すことによって、過大な修補費用が発生するような場合には、必ずしも建築主による修補費用の主張は認められない可能性もあります。もちろん不具合がなくても契約内容に違反していれば契約違反を問われるので、注意が必要ですが、その場合でも一般には契約違反による瑕疵が重大であることが判断の前提となるでしょう。細かな仕上がり寸法の相違などは、そのことによって機能障害等が発生していなければ、後は材料費や工事費に減額による差額等があれば減額分は精算となることもあります。
　　最終的には裁判官の判断の問題になるものの、建築士の側でも合理的方法の範囲で確認を行ったことを証するための記録等を普段から整備しておくことが重要であることはいうまでもありません。

※参照法令、契約約款など
・建築士法第2条7項（工事監理の定義）
・国土交通省平成21年告示第15号　別添一：一．工事監理に関する標準業務の(4)工事と設計図書との照合及び確認

| A | **B** | C | D | E | F |

B．監理者・工事監理者に係る紛争等の事例　　　事例33

新築建物の基礎部分の不具合は、工事監理者の責任であるとして、建築主が損害賠償を求めた事例

事例の概要

　　新築のRC建築物で、建築主は、基礎梁部分の施工瑕疵を申し立てるために、調査をある建築士に依頼しました。調査に当たった建築士は、基礎工事について、地中梁の下端が空洞で捨てコンクリートの施工もなく、また締め固め等が不十分で割栗石もない、として応力の伝達は不能で基礎は不安定となっており、この原因は埋め戻し不良に起因する空洞化であり、これを施工瑕疵であるとし、また、これを看過したのは監理業務の懈怠であり、監理責任があると断定しました。建築主はこの見解をもとに、建て替え相当額を損害賠償額として監理業務を担当した建築士事務所に請求し、争いになりました。

トラブルの処理

　　建築物の基礎の不具合は、この紛争事例のように建て替え相当額（高額）の争いとなることも多く、紛争の事例数も多いようです。また、建築士の判断も立場により異なる場合は少なくありません。ここでのポイントは基礎小梁の不具合が建て替えを必要とする程度のものや部位であるのか、という点でした。
　　実際には当該地中梁は小梁であり、つなぎ梁の機能はないため、構造耐力上の重要な部分ではない、また空洞化による不同沈下などの現象も発生していないことを理由に「応力の伝達は不能で基礎が不安定」になっている事実はなく、建て替えを必要とするような瑕疵ではないと判断されました。
　　一方で、この事例では、施工ミスによる設計図面とは異なる地下梁下部分の空洞化は存在しているわけで、構造体に影響がないとされることには疑義が残る、という考え方も当然あります。
　　ただ、埋め戻し不良という施工瑕疵は明らかであり、この瑕疵をどのように修補するのかについては、計算上は当該地下小梁の地盤への応力伝達は想定していないことから、埋め戻し不足分を「損害」と捉える考え方もあるでしょう。

ポイント解説とトラブルの回避・解決

　　工事監理者としては、施工状況、特に基礎部分は構造上重要な部分であると同時に、施工後隠蔽され確認が困難な部位であるため、ここに瑕疵があった場合、仮に非常駐監理といえども責任が追求される可能性があるため、特に入念にチェックし、その経緯、間違いがあった場合の是正措置、設計者や建築主への説明と合意などを、正確に記録しておくことが大切でしょう。最終的には裁判官の判断の問題になるものの、建築士の側でも合理的方法の範囲で確認を行ったことを証するための記録等を、普段から整備しておくことが重要であることはいうまでもありません。

※参照法令、契約約款など
・建築士法第2条第7項（工事監理の定義）
・国土交通省平成21年告示第15号　別添一－一．工事監理に関する標準業務の(4)工事と設計図書との照合及び確認

B．監理者・工事監理者に係る紛争等の事例　　事例34

外壁がコンクリート打ち放し仕上げの工事で、施工結果が悪かったことから監理業務が不十分であるとして、建築主から監理業務報酬の支払いを拒否された事例

事例の概要

　　ある建築士事務所は専用住宅（コンクリート3階建て）の設計・監理業務を受託しました。建築主はコンクリート打ち放しのデザインを求め、担当建築士はその求めに応じて設計を行いました。工事が進むと、コンクリート打ち放し面の仕上げの精度やパネルの割り付けが悪く、およそ打ち放し仕上げというにはレベルの低い仕上がりとなっていました。不審に思った建築主が工事施工者に問いただしたところ、建築士事務所の担当者は、パネルの割り付けなどの施工図チェックも十分行わず、ほとんど現場の立会い確認にも来ていないことがわかりました。建築士側では、書類上の照合、確認はしていると主張しましたが、建築主は、現場に何度も通ってもらえると信じて契約をしたのだと主張し、監理報酬の支払いを拒否しました。

トラブルの処理

　　この紛争事例は、工事監理の方法についてのトラブルです。建築主は工事監理者がどの様な方法によって工事監理を行うかを理解していないことも多いと考えられます。そのため、工事施工者が行う品質監理と混同している場合も多くあります。工事監理は、工事監理者が自ら客観的な合理性を持っていると考える方法によって行うことが、告示第15号などの基本の考え方となっています。従って、必ずしも立会い確認でなければならないというわけではありません。

　　しかしながら、一般的には工事監理をどのように行うのかは、設計図書で定める（契約内容となる）方法が優先しますので、仮に設計図書に打ち放しコンクリートに関して施工段階でどのような方法で照合・確認を行うかを記載してあるにもかかわらず、実際にその方法で行っていなければ、契約違反になる場合があります。また、建築主に対して工事監理の方針を説明するのは告示第15号でも標準業務とされていることから、あらかじめ建築主がその説明を受けており、建築士事務所がその通り実施していなければ、それも契約違反になる可能性があります。この事例では、コンクリートの打ち上がりや施工精度に問題があるということなので、担当建築士が施工の各段階で建築士法第18条第3項の規定に基づく指示等をどの程度行っているかも問題になりました。

ポイント解説とトラブルの回避・解決

　　工事監理については、どの様な方法で照合・確認を行うか、監理方針の説明を事前に実施することが必要です。また、工事監理ガイドラインなどを参考に、実際の工事監理の合理的な方法について、建築主と合意しておく事が重要です。

　　なお、工事監理者が設計図書との食い違いがあるにもかかわらず建築士法第18条第3項の規定に基づく是正指示等を行っていなければ、建築士法違反を問われる可能性もあるので、十分な注意が必要です。

※参照法令、契約約款など
- 建築士法第18条第2項
- 国土交通省平成21年告示第15号　別添一：一．工事監理に関する標準業務の(1)工事監理方針の説明など

B. 監理者・工事監理者に係る紛争等の事例　　事例35

リゾートマンションの大浴室改修工事で新たに漏水事故が発生し、監理責任が問われた事例

事例の概要

　　ある建築士事務所は、リゾートマンションのマンション管理組合から改修工事の相談を受け、当該リゾートマンションの浴室漏水に関する調査を行い、改修計画とそのための概算工事費見積を提示しました。その後、工事費削減を求める建築主の意向に従い、予算に合わせて、工事内容を浴室全面防水改修から浴槽及び関連する床部分に限定した部分的な止水処置へと変更し、当初案から減額した計画による改修工事仕様書を作成しました。施工者はその仕様書を契約の与条件とした入札で選定されました。

　　ところが、改修工事を実施してみると、当初に発生した浴槽の漏水については確かに止まったものの、今度は改修した浴室出入口の排水溝部分から脱衣室の床への漏水が新たに発生しました。これが依頼主から当該建築士事務所の監理上の瑕疵によると主張されました。なお、施工業者は工事終了、請負金受領後倒産しています。

トラブルの処理

　　この紛争事例では、まず、初めの現地調査とそれに基づく改修仕様・設計の問題があると思われます。浴槽の水位が減っていく現象で判明した漏水原因をよく調べると、浴室床全体の防水がアスファルトではなくモルタル防水であり、長い間床下の地面に漏れ続けていた形跡があるなどの、本来は根本的な対策が必要とされる調査結果が出ていました。

　　一方で、この事例では、改修工事で発生した新たな施工上の瑕疵を、非常駐の工事監理者がどこまで防止できるかについても問題になりました。これについては、建築物の基本機能（構造安全、防水など）に係る部分については少なくとも立会い確認すべきであり、排水溝の防水施工に当たって、元の防水層がどのようなものであったかに気がつかなかったことは、工事監理者の責任であると主張されました。防水工事の施工者とのコミュニケーションの不足で、たとえ非常駐であったとしても、瑕疵となる工事を見逃した工事監理者の責任はあると判断され得るからです。

　　ただし本件の場合、依頼主が工事費を減額するため、建築士事務所が提案していた全面防水から、部分防水に変えたことも勘案して、実際の損害賠償金額はある程度減額されています。

ポイント解説とトラブルの回避・解決

　　既存建築物の現状調査、特に本件のように、構造、水漏れに係る内容を含む場合には、正確な調査が求められます。それに基づいて改修設計を行う場合には、その仕様、改修範囲等について細心の注意を払わねばなりません。

　　本件のように、依頼者の予算の範囲内に仕様を抑える場合には、性能に直接係る技術的な選択肢については、不可能である場合も含めて特に細心の注意と説明が不可欠であることはいうまでもありません。

※参照法令、契約約款など
・四会連合協定建築設計・監理等業務委託契約約款及び業務委託書など

B. 監理者・工事監理者に係る紛争等の事例　事例36

監理者と施工者が対立したために、完成直前で工事が中断したまま半年が経過してしまった事例

事例の概要

　　ある建築士事務所は、木造住宅の設計監理業務を受託し、工事は90％の出来高でもうすぐ完成引き渡しの状況まで進捗しました。しかし、監理者として施工者に対してより質の高い仕事を要求し、数ヶ所について工事のやり直しなどを指示しました。ところが施工者は「見積書ではあくまでも標準の仕様で見積っている。図面通りの仕事をすれば良いはずだ。」といって当該監理者と対立し、引き上げてしまったことから現場が止まってしまいました。建築主に状況を説明したところ工事代金の支払いも止め、請負契約を解除するといっています。半年を経過しましたが工事は再開されていません。

トラブルの処理

　　工事が中断したままでは建物の傷みにもつながってしまいます。まずは工事再開の道を探ることが重要です。原因が監理者と施工者の対立ということなので、この二者が話し合うことが重要です。監理者はまれに自分の設計した建物に関して工事の段階で図面以上の内容を施工者に要求してしまうことがあります。設計図書の内容以上の工事を現場に強いてはいないか、現場の職人と設計内容の理解に食い違いはないか、再度施工者と話し合い、その結果を建築主に説明し、まず工事再開を目指すべきです。

　　話し合いが不調であれば、建築主の承諾を得て、ここまでの工事出来高でいったん清算し、新たな施工者を選んで工事を続行することも考えなくてはなりません。ただし、この場合、工事費の増加は避けられないでしょう。そのことを建築主に十分説明することが必要です。

　　一方、設計監理者の監理に対する不満から施工が中断されたこの事例では、施工者からのそれまでの工事費請求と、建築主からの工事請負契約における債務不履行責任（建物完成前）による損害賠償請求の争いなどに発展する可能性があるので、注意深い話し合いが不可欠です。

ポイント解説とトラブルの回避・解決

　　工事監理は設計図書の内容と現場の工事の各段階の結果を照合・確認するという法で定めた業務です。かつては設計監理者が先生と呼ばれ、現場での変更指示が当たり前のように思われていた時代もありました。しかし、現在では一般的な契約のもとに建築される建築物については、設計図書の作成時に十分な検討を尽くし、それをもとに工事費を見積り、契約を交わして、現場での無理な変更を極力行わないことが常識となっています。特に契約時の指定等がなければ、現場での指示は設計図書及び内訳書の内容の範囲を基準に行うよう心がけるべきです。

※参照法令、契約約款など
・建築士法第2条第7項（工事監理の定義）
・国土交通省平成21年告示第15号　別添一：一．工事監理に関する標準業務の(4)工事と設計図書との照合及び確認など

B．監理者・工事監理者に係る紛争等の事例　　事例37

監理者が不十分な設計図書について、事実上の設計の補完行為を行ったところ、設計者や建築主からクレームがつき、業務報酬の支払いを拒否された事例

事例の概要

　　ある建築士事務所は事務所ビルの監理業務のみを受託しました。設計図は一応揃っているものの、詳細図が少なく、納まりなどを設計者に確認するも、明確な返事がもらえませんでした。建築主にその事実を伝えたところ、監理者で対応して欲しいとの指示があったので、自ら詳細図を作成し、一部設計変更を行いながら工事は無事に完成しました。ところが完成後に設計者からイメージが設計者の意図と異なるとクレームがあり、同時に工事監理に不備があると建築主へ文書を提出しました。建築主も出来上がりに満足せず、監理者に対して、工事中に行った設計変更に対する報酬の支払いを拒否しました。

トラブルの処理

　　設計図書が不足している場合、工事監理者は設計の内容について、建築主を通じて設計者に設計意図の説明を求める必要があります。また、不足した状態のままで安易に工事を進めることは危険です。工事中に行うことが合理的と判断される設計行為についても、設計者が対応しない場合は、これに係る業務は追加の設計業務であり、追加報酬が発生する旨を建築主と合意しておく必要があります。

ポイント解説とトラブルの回避・解決

　　工事中に行う設計変更について、元の設計者以外の監理を担当している建築士などが当該業務を行うことになった場合、当該変更が軽微な変更の範囲を大きく越えるようなケースでは、建築主とその部分（変更となる部分）について新たな設計契約や重要事項説明などを行う必要があります。また、その部分の設計内容については、建築主への説明義務等がありますので十分な注意が必要です。

※参照法令、契約約款など
・四会連合協定建築設計・監理等業務委託契約約款及び業務委託書など

B．監理者・工事監理者に係る紛争等の事例　　事例38

監理業務のみを担当した建築士が隣戸の住民の要請によって、自らの判断で設計内容を変更したら建築主からのクレームとなった事例

事例の概要

　　一級建築士事務所の開設者である建築士は、ある住宅建築工事の施工者の推薦で、自らは全く設計に関与していない当該工事の工事監理者として監理業務のみを受託、担当しました。そこで隣地の住人から、当該住宅建築の収納部分が張り出しすぎていて鬱陶しいと毎日のようにクレームが寄せられ、施工者からも事態を収拾してほしいと泣きつかれて、さらに隣地の住人は、当該住宅を設計した建築士は以前当該部分については変更を確約していたと主張したので、ついに隣地側の収納部分の屋根を600mm下げる変更を自らの判断で行いました。これについて、建築主から、また同時に設計者からもクレームがついた事例です。

トラブルの処理

　　監理者にこの事例のような変更権限があるか否かが争点です。この場合、仮に工事監理の段階で監理者が勝手に設計内容を変更し、建築主、設計者に対してその報告を怠っているとすれば、やはり問題になるでしょう。つまりこの事例は、監理者の監理業務上の問題というよりも設計をした建築士とは別の建築士が設計変更をするケースに該当しています。

　　従って、事前に建築主や設計者にその内容を説明し、了承を得なければ、監理者である建築士の義務違反となります。

　　上記のごとく、設計者と監理者が別の場合に該当するので、本来、監理者は建築主を通じて設計者に対しても問い合せをしなければなりません。建築士法第19条の規定によって設計図書の作成者に承諾を得る必要があるからです。ただし、仮に承諾を得られなくても、自己の責任で変更できます。なお、四会連合協定建築設計・監理等業務委託契約約款第16条では、設計者は建築主の了解のもとで監理者が行う工事段階で決められる内容についての軽微な変更に異議を申し立てられないことになっていますが、その場合でも建築主への報告や了承が必要です。設計者に了解を求める行為を全く履行していない場合には上記の建築士法違反の可能性があります。

ポイント解説とトラブルの回避・解決

　　設計監理業務一括ではなく、監理業務のみを契約して行う場合、工事監理者が行うことが出来る軽微変更を超えるものについては、監理者は建築主に対し、また建築主を通して設計者に対しても変更案を提示、説明し、その合意を得て行わなければならないことはいうまでもありません。この事例の場合は近隣との関係もあるので、より十分な協議や調整が必要な事例であったと考えられます。

※参照法令、契約約款など
・建築士法第2条第7項（工事監理の定義）
・建築士法第18条第3項（設計及び工事監理）
・建築士法第19条（設計の変更）
・国土交通省平成21年告示第15号　別添一：一．工事監理に関する標準業務の(4)工事と設計図書との照合及び確認
・四会連合協定建築設計・監理等業務委託契約約款第16条第2項

B. 監理者・工事監理者に係る紛争等の事例　　事例39

監理業務担当者が「工事監理ガイドライン」の内容の通り工事監理を実施していないとの理由で、建築士事務所が瑕疵修補相当額を損害賠償請求された事例

事例の概要

　　一級建築士事務所の開設者である建築士は、ある木造住宅建築工事の設計・監理業務を受託し、着工後は工事監理を担当しました。ところが建築主は、平日の日中もほとんど朝から晩まで現場に居て、細かく職人の動きを監視しており、釘の打ち込み長さが不足しているというクレームまで当該工事監理者に出していました。建築主は常に「工事監理ガイドライン」を手にしており、「工事監理ガイドライン」は国が出している基準なので、工事監理者や施工の責任者は、この通りに施工されているかどうかを確認すべきであるといって譲りません。
　　やがて工事監理者は主な検査以外には現場に来なくなり、施工者側も職人がノイローゼになるなど、現場は混乱しました。
　　建築主は、この建物が竣工した時点でやはり「工事監理ガイドライン」を根拠として150項目以上の施工瑕疵の存在を主張し、工事施工者と建築士事務所を相手にそれぞれ瑕疵担保責任と債務不履行責任による瑕疵修補相当額の損害賠償を請求しました。

トラブルの処理

　　「工事監理ガイドライン」は、工事監理の照合・確認についてのみ、その対象、範囲、方法などの選択肢を例示しているものですが、もちろん内容を強制するものではありません。従って、工事監理の照合・確認は「工事監理ガイドライン」に示す方法の通りに行う、という契約内容となっている場合などを除いて、必ずしもその通りに実施しないからといって、直ちに契約違反である、というわけではありません。工事監理は、工事監理者が自ら客観的な合理性を持っていると考える方法によって行うことが、告示第15号などの基本の考え方となっています。従って、必ずしも立会い確認など特定の方法でなければならないというわけではありません。一方、工事監理をどのように行うのかは、設計図書で定める（契約内容となる）方法が一般的には優先しますので、設計図書にどのような方法で照合・確認を行うかを記載してある項目については、実際にその方法で行っていなければ、契約違反になる場合があります。さらに、建築主に対して工事監理の方針を説明するのは告示第15号でも標準業務に含まれているので、予め建築主がその説明を受けており、建築士事務所がその通り実施していなければ、それも契約違反になる可能性があります。

ポイント解説とトラブルの回避・解決

　　工事監理については、どの様な方法等で行うか、監理方針の説明を事前に行うことが必要です。また、強制ではありませんが、工事監理ガイドラインなどを参考に実際の工事監理の合理的な確認方法等について、建築主と事前に合意しておく事が重要です。
　　しかしながら、この事例で建築主が主張するごとく施工管理と一体となった工事監理を行うことは、全く現実的ではなく義務でもありません。建築主には、そのことを説明して、施工管理と工事監理のそれぞれの役割を理解してもらうことが大切です。

※参照法令、契約約款など
・建築士法第2条第7項（工事監理の定義）
・建築士法第18条第3項
・国土交通省平成21年告示第15号　別添一：一．工事監理に関する標準業務の(1)工事監理方針の説明など

B．監理者・工事監理者に係る紛争等の事例　　事例40

工事の瑕疵担保責任消滅後は、工事監理者が施工責任を負うのか、責任はいつまで続くのかが問題となった事例

事例の概要

建築主は、自分の住む木造住宅で、竣工後25ヶ月を経過した時点で、当該工事の施工者と、別途に業務委託した工事監理者を交えて2年目の点検を行ったところ、見えない部分で施工の瑕疵を発見し、その場で施工者に修補を申し入れましたが、当該瑕疵は重要でなく、その瑕疵担保期間は1年であり、瑕疵担保期間は過ぎているので、無償の修補には応じられないといわれ、数ヶ月間、協議していましたが、突然施工者が倒産し、連絡が取れなくなりました。そこで建築主は、工事監理者であった当該建築士事務所には監理責任（瑕疵を看過した責任）があるので、工事監理者が瑕疵修補費用を負担すべきであると主張しました。

トラブルの処理

この紛争事例では、施工者の瑕疵担保責任が消滅している場合でも、工事監理者の責任は存続しているのか、という問題があります。「四会連合協定建築設計・監理等業務委託契約約款」では、特約がなければ「民間連合協定工事請負契約約款」と整合させて、瑕疵担保期間を通常は2年、故意又は重大な瑕疵は10年としています。当該施工部分の瑕疵担保期間は、故意又は過失ではない場合は、民法では木造で1年としていますが、施工の瑕疵担保期間が過ぎているとしても、その瑕疵について工事監理者が責任を負うのかについては、施工者の瑕疵担保責任が消滅すれば、工事監理者の責任も消えるとする考え方があります。

工事監理を含む監理契約は民法でいう準委任契約であるとすれば、受託者の責任の存続期間は民法第167条による10年、請負契約と考えると民法第637条による1年、四会連合協定建築設計・監理等業務委託契約約款を用いていれば2年（第23条）とされています。

このケースでは、2年を過ぎて瑕疵が発見されており、施工の瑕疵担保期間が過ぎているので、訴訟などでは工事監理者は責めを負わないとする判断がなされる可能性があります。

ポイント解説とトラブルの回避・解決

すべての施工の瑕疵について、工事監理者の責任が認められるわけではなく、合理的な方法で確認していれば、善管注意義務を果たしていたと認められ、その責任は施工者にあることになります。基本的には施工者の工事に起因する施工瑕疵は、施工者の責任とされるべきものであるものの、昨今では、工事監理者への損害賠償請求もあり得るので、十分な注意が必要です。

建築の場合は、その時点では問題なさそうに見えても、竣工後に見えない部分で瑕疵が発生する可能性があります。こうした瑕疵が発生することがないように、工事監理では常に経年変化等も考慮に入れて十分チェックしておく、また完成後の定期的な点検検査に協力して建築主との信頼関係を構築しておくことが大切です。

※参照法令、契約約款など
- 四会連合協定建築設計・監理等業務委託契約約款第23条：成果物の瑕疵に対する乙の責任2（前項の請求は、本件建築物の工事完成引き渡し後2年以内に行わなければならない。ただし、この場合であっても、成果物の交付の日から10年〈カッコ内省略〉を超えることはできない。）
- 善管注意義務　民法第644条

C. 建築士事務所に係る紛争等の事例　　事例41

変更内容や追加工事費について、監理者が建築主への説明を怠り、追加工事費をめぐる争いとなったことから、建築士事務所が業務報酬の返還請求をされた事例

事例の概要

　　ある建築士事務所は、事務所ビル（鉄鋼造12階建て）の設計・監理業務を受託しました。着工後、監理者（設計者と別人の担当者）は様々な変更を指示し、また、設計図書の不備から、現場での追加工事も多く発生しました。工事施工者は追加の工事費については、監理者の指示でもあり、払ってもらえるものと信じていましたが、一応その都度、見積書を監理者へ提出して工事を実施し、建築物は完成しました。

　　ところが、変更及び追加で発生した工事費について、建築主は、監理者からほとんど聞いておらず、完成後に初めて施工者からの請求によって知りました。建築主は、追加及び変更工事についての工事費については支払いを拒否し、建築士事務所には、監理業務報酬の返還請求をしました。

トラブルの処理

　　工事請負契約は、建築主と施工者の二者間の契約であるにもかかわらず、工事監理者があたかも建築主を代理しているように、工事費の変更に及ぶ工事内容の変更、追加の指示を建築主へ告げずに実施してしまった紛争事例です。例えば建築士法や告示第15号には工事監理者の承認権限などは一切定められておらず、一般的にも発注者の了解なしにはこうした指示が出来ないことから、建築士事務所の責任はまぬがれないという判断になりました。

ポイント解説とトラブルの回避・解決

　　工事内容の変更や追加といった工事の増減に関する事項については、工事施工者は監理の指示のみならず、その工事の実施について、建築主からの指示（金額の変更を了解したうえでの）であるかについての確認が必要です。しばしば、今回のケースのような監理者による全権代理のような振る舞いが見られますが、こうした代理行為はトラブルのもとです。工事請負契約の契約当事者はあくまで、建築主と工事施工者です。なお、四会連合協定建築設計・監理等業務委託契約約款では、いくつかの監理者の承認権限を認めていますが、契約変更に該当するような変更は、監理者が単独で行うことは債務不履行に該当する（同約款第21条など）可能性があり、また民間連合協定工事請負契約約款第28条には工事の変更に際しては、発注者の書面による承諾が規定されています。

※参照法令、契約約款など
・四会連合協定建築設計・監理等業務委託契約約款
・民間連合協定工事請負契約約款第28条など

C．建築士事務所に係る紛争等の事例　　　　事例42

建築士事務所の開設者が無資格者に重要事項説明をさせるなどの行為が発覚し、開設者の責任が問題となった事例

事例の概要

　　一級建築士事務所の開設者で二級建築士のA氏は、一級建築士でなければ設計出来ない建築物の設計業務受託に当たり、建築主である企業に重要事項説明に行き、同席した所員Aにその説明をさせました。所員Aは無資格者で、結果的には当該建築士事務所は、一級建築士がいない状態で本来一級建築士が行うべきこの事例の重要事項説明を行いました。もちろん所員Aは建築士ではないので免許証の提示も行いませんでした。

　　その後、別の建築士事務所が当該重要事項説明書を見て、その事実を発見し、建築主である企業の担当者に報告、結局A氏の建築士事務所は、その企業の仕事は受託出来ませんでした。

トラブルの処理

　　この事例の場合には、当該建築士事務所は、明らかに建築士法違反であり、建築主等から指摘があれば、開設者は、重要事項説明違反という責任を問われる可能性があります（建築士法第24条の7：重要事項の説明）。

　　この事例では、結果的に当該建築士事務所は業務を受託出来なかったということですが、建築士法における違反行為は残るので注意が必要です。建築士免許証の提示も行っていません。従前は、よく無資格者である所員（補助者）に説明や打ち合せ、工事監理等を担当させる建築士事務所が見受けられましたが、建築士法では、建築士事務所に所属する資格者でなければ、補助業務の範囲を越えるこうした業務は出来ないことになっています。

ポイント解説とトラブルの回避・解決

　　一級建築士でなければ設計出来ない建築物の設計業務受託に当たり、重要事項説明を行う場合には基本的には一級建築士が説明をする必要があります。この事例の場合、開設者は二級建築士なので説明する建築士には該当しません。また所員Aは無資格なのでこれが行った場合は、建築士法違反です。当該建築士事務所には当然一級建築士である管理建築士を開設者とは別に置いているはずで、この事例では、管理建築士又は別の一級建築士である所員が重要事項を説明する必要がありました。

※参照法令、契約約款など
・建築士法第24条の7（重要事項の説明等）

C. 建築士事務所に係る紛争等の事例　　　　　　　　　事例43

管理建築士が健康を害し、常勤として勤務を行っていないにもかかわらず、管理建築士に留まっている事例

事例の概要

　　ある一級建築士事務所の開設者は、本来常勤である管理建築士が高齢、病弱で全く出勤できないにもかかわらず、5年間その状態で業務を続けています。当該管理建築士は、未だ管理建築士講習を受講していません。当該建築士事務所の開設者も、管理建築士自身も、管理建築士は届け出上の名前だけあれば、特に業務には支障がないので、現状でかまわないと考えているようです。

トラブルの処理

　　この事例の場合には、専任、常勤であるべき管理建築士が適正に業務を履行していないということで、建築士法第24条第1項及び第3項違反の可能性があり、管理建築士のみならず、開設者も監督責任を問われる可能性があります。なお、管理建築士の管理建築士講習未受講は建築士法第24条第2項違反です。

　　この事例は、早急に現在の管理建築士に替わる管理建築士を専任し、常勤としなければ建築士事務所を閉鎖せざるを得ないケースです。

ポイント解説とトラブルの回避・解決

　　建築士事務所の開設者は、管理建築士が業務を継続出来ない場合には、新たな管理建築士を専任し、常勤としなければならない義務があり、出来なければ建築士事務所を閉鎖することになります。管理建築士は必ず資格要件を満たし、かつ管理建築士講習を受講していなければなりません。

※参照法令、契約約款など
・建築士法第24条（建築士事務所の管理）第1，2，3項による。

C. 建築士事務所に係る紛争等の事例　　　　事例44

監理業務台帳の作成、保存義務の懈怠による業務データの不足による建築士事務所の信用失墜の事例

事例の概要

　　ある一級建築士事務所では、過去10年間ほどの監理業務台帳のデータを紛失しましたが、すでに保存義務はないと考え、そのままにしていました。またその後は、簡単な業務日報をつけることにして、それも2年分だけ保存し、その後は消却して保存していませんでした。ところが過去10年、毎年仕事を受託していたクライアントから、当該受注に関する詳細な監理記録データの提出を求められ、これに対応できないために信用を失い、当該クライアントからの仕事も半減してしまいました。

トラブルの処理

　　この事例の場合は、事件や紛争事例ではありませんが、建築士事務所の業務責任を満たしていない建築士法違反のケースといえます。本来備えておくべき書類の不備は、信用失墜のみならず、行政機関などの認可権者による建築士事務所に対する査察等の際に指摘があれば、建築士法違反で懲戒による業務停止処分の対象となる可能性があるので、データのバックアップなど十分な注意が必要です。

ポイント解説とトラブルの回避・解決

　　市販の業務管理ソフトや各地の建築士会などで販売している業務台帳のフォーマットを利用すると便利ですが、そうした各種フォーマットなどによって、当該建築士事務所は業務台帳を再度作成、整備する必要があります。建築士法ではデータの保存期間は15年とされているので、十分なバックアップ体制をとる必要があります。またこのデータは毎年の「業務報告」のもとになるので、一体整備の必要があります。データの紛失については、当該都道府県などに相談するケースもあると思われます。いずれにしても、業務の正確な記録は、法の義務であると同時に業務報酬の算定など、建築士事務所の適切な業務環境構築の基礎資料となる大切なものです。従って日頃からこの監理業務台帳作成についてはこれを正確に実行し、十分に管理しておく必要があります（台帳管理については、専用ソフトなども販売されています）。

※参照法令、契約約款など
・建築士法第24条の4（業務台帳の作成・備え付け）
・建築士法第23条の6（設計等の業務に関する報告書）など
・建築士法施行規則第21条に、帳簿の記載内容や、保存15年の義務付けが規定されている。

C. 建築士事務所に係る紛争等の事例　　　　　事例45

建築士事務所登録の無い建築士に再委託した構造設計によって問題が発生し、委託元が責任を追及された事例

事例の概要

　　一級建築士事務所の開設者A氏は、意匠系を専門とする建築士です。当該建築士事務所は耐震改修の設計業務を受託したので、構造を専門とする他の建築士に再委託しました。しかし、再委託先の建築士は、建築士事務所登録をしておらず、A氏は自社の管理建築士Bを担当建築士として当該業務を行いました。ところが、耐震改修の設計内容に問題があり責任を追及されたので、再委託先の建築士に責任を問うことにしました。

トラブルの処理

　　この紛争事例の場合には、契約上のすべての責任は、受託した当該建築士事務所にあるので、もともとの委託者である契約相手に対する設計瑕疵などの責任もすべて当該建築士事務所が負うことになりました。また、設計業務の再委託先は建築士事務所に限られるので、個人の建築士に頼んだこと自体が建築士法第24条の3第1項及び第2項に違反している可能性があり、再委託先の建築士法上の責任は問いにくいものの、一方で、再委託先の建築士が再委託の依頼に応えていない内容である場合には、再委託先との契約内容によっては、当該再委託先に不適切な設計内容の責任を問うことが出来る場合もあると考えられます。なお、当該建築士事務所の管理建築士Bが再委託先の建築士が作成した設計図書に記名押印をしていた場合には、管理建築士Bには建築士法第2条5項違反の可能性があり、行政処分対象となるおそれがあります。

ポイント解説とトラブルの回避・解決

　　構造や設備などの再委託先は建築士事務所に限られています。この事例では、管理建築士Bも、設計図書への記名押印や24条の8の書面などに氏名が記載されていれば、実質的に業務を行っていない場合でも責任を問われる場合があるので、十分な注意が必要です。また再委託先の建築士は、作成した設計図書の品質が問われた場合、設計図書への建築士としての記名押印がない場合でも、委託元の建築士事務所に対し、契約上の責任を負わなければならないので、無責任な業務は行わないように注意しなければなりません。

※参照法令、契約約款など
・建築士法第23条の3及び第23条の5（再委託関連の条項）など
・四会連合協定建築設計・監理等業務委託契約約款第14条（再委託）など

C. 建築士事務所に係る紛争等の事例　　事例46

再委託先の構造設計事務所の監理責任の範囲が問題となった事例

事例の概要

　　ある構造設計事務所（一級建築士事務所）は、建売住宅を手掛けるＡ工務店からの依頼で、２×４住宅３階建ての構造計算を行いました。ところがＡ工務店は確認済証一式をその土地の購入者である個人に譲渡してしまいました。その後、土地の購入者はその図面をもとに別のＢ工務店と工事請負契約を交わし着工しました。当該構造設計事務所は、こうした経緯は全く知らなかったのですが、Ｂ工務店から構造上の取り合いなどの問い合せが頻繁に来るようになりました。当該構造設計事務所では、設計内容に係る問い合せには答えたものの不安になり、工事着工に当たって、Ｂ工務店に工事監理者の名義が当該構造設計事務所の建築士名になっていないか、をあらためて確認しました。

トラブルの処理

　　この事例では、当該構造設計事務所が構造設計を行い、その結果が確認検査機関で審査を受けたうえで合格となっていますが、図面通りの工事が行われているかどうかのチェックは、届け出がされている工事監理者の責任となります。

　　また、この事例では、構造設計者はＡ工務店との契約で業務を完了していますので、基本的にＢ工務店の問い合せに直接答える必要は無いと思われます。仮に申請上の設計者名義人になっていれば、回答義務が生じる可能性があり、またＢ工務店がＡ工務店を通じて問い合せをしてきた場合は、一定の回答をするべきと考えられますが、Ｂ工務店から当該構造設計事務所に直接の問い合せがあった場合は、本来はＡ工務店を通して問い合せするように伝えるべきでしょう。この場合、Ｂ工務店が工事監理者として、当該構造設計事務所の建築士名を届けていなければ、工事の結果に関する工事監理の履行義務はなく、責任は生じないと思われます。

ポイント解説とトラブルの回避・解決

　　現在の設計業務は専門化が進み、意匠設計、構造設計、設備設計とそれぞれの専門分野で責任を分担し、さらに設計者と工事監理者が分離というケースもあります。また、今回のように設計図書一式が別の工務店に譲渡されるケースも想定されます。その場合、設計図書の精度、密度、完成度が責任範囲の判断に大きく影響してきます。設計図書の重要性を十分認識して日常業務を行うよう努力しなければならないでしょう。

　　また、工事監理者については、工事監理者としての届けがあれば契約の有無等にかかわらず責任が及ぶ可能性がありますので、この事例のように当該構造事務所は、必ず自己の名義の不記載の確認をする必要があります。

※参照法令、契約約款など
・建築士法第２条第７項（工事監理の定義）
・善管注意義務　民法第644条
・国土交通省平成21年告示第15号　別添一：一. 工事監理に関する標準業務の(4)工事と設計図書との照合及び確認
・建築士法第23条の３及び第23条の５（再委託関連の条項）など
・四会連合協定建築設計・監理等業務委託契約約款第14条（再委託）など

C. 建築士事務所に係る紛争等の事例　　　　　　　　　　事例47

住宅メーカーが、図面の不備によって発生した不具合について再委託先の建築士事務所に修補費用を請求した事例

事例の概要

　　建築主は住宅メーカーと契約を交わし、住宅メーカーから紹介された再委託先の建築士事務所の建築士と打ち合せを行って着工しました。確認申請は住宅メーカーの支店長の名義（一級建築士）で行いました。工事監理は、建築士資格を持つ住宅メーカーの別の社員が行いました。工事完成後、階段の補強材、ドアの開き勝手やトイレの手すりの位置など、細かい箇所で打ち合せた設計内容と異なる施工が行われていることがわかり、建築主は確認申請上の設計監理者である支店長に工事の補修とやり直しを求めてきました。

　　住宅メーカーは図面の不備を主張し、再委託先建築士事務所に負担を求めてきました。当該建築士事務所は、図面には不備はなく、監理も行っていないので責任はないと主張しています。

トラブルの処理

　　再委託先建築士事務所の作成した設計図書に基づいて住宅メーカーが施工したものですが、建築主との細かい打ち合せ内容が図面に反映されてなかったためにトラブルが発生したものと考えられます。

　　この事例の場合、再委託先建築士事務所と住宅メーカーとの契約の内容は不明ですが、再委託先建築士事務所が行った打ち合せ内容を住宅メーカーに適切に伝えているかどうかなどが問われるものと考えられます。なお、建築士法上は、確認申請書に設計者・工事監理者として記載された支店長が業務の責任を問われ、建築主との間の契約上の責任はすべて住宅メーカーにあると考えられます。

ポイント解説とトラブルの回避・解決

　　再委託先建築士事務所としては、委託される業務の範囲、作成すべき設計図書の内容とその検収方法などを明確にして契約することが望まれます。また、住宅メーカーでは、建築主との打ち合せは営業担当者が行い、それをもとに設計担当者が設計を行い、工事監理は別の建築士が行うため、最初の打ち合せ内容が末端の現場まで正確に伝わっていないことによるトラブルの発生が見られるので、十分な注意が必要です。

　　なお、この事例と直接には関連しませんが、建築士法では、建築主に対する責任を明確にするため、建築士事務所の開設者は実際に設計をする建築士、実際に工事監理をする建築士を建築主に明示することが規定されています。また、業務の一部を外部に委託する場合でも、その業務の内容と委託先を建築主に示さなければなりません（建築士法第24条の7第3項による当該設計又は工事監理に従事することとなる建築士の氏名及び建築士資格についての書面交付と説明を行い、担当者を明確にして置く義務）。また、基本的には業務の一括再委託（つまり業務の丸投げ）は禁止されています（建築士法第24条第3項（再委託の制限））。

※参照法令、契約約款など
　・建築士法第24条の7（重要事項関連の条項）など
　・建築士法第24条第3項など

C．建築士事務所に係る紛争等の事例　　　　　　　　事例48

設計コンペ参加の要請があり、参加したところ結果は落選であったが、実際には自らの応募案と酷似した建築物が完成していた事例

事例の概要

　ある一級建築士事務所は、自社のwebサイト（ホームページ）を作成してWEB上で公開していましたが、それをみた建築業者からクライアントが建築に当たり数社間の設計コンペを企画しているが、当該建築士事務所のデザインの傾向をクライアントも気に入っているので、ぜひ参加しないかという要請がありました。これに応えて参加し、実際には修正案も含めて何回かにわたりかなりの枚数の図面を出しましたが、結局不採用ということになり、若干の参加料が振り込まれ業務は終了しました。ところが1年後にたまたま当該設計コンペの建設敷地を訪れたら、ほとんど当該建築士事務所の応募案に酷似した建物が建築されていました。

トラブルの処理

　この事例の場合は、悪質なデザイン盗用の可能性があり、著作権侵害等を理由に争う可能性はあります。
　一方で、当該建築士事務所はコンペの過程で不利な条件を気付かないうちに承諾している可能性もあります。こうした事態に対処するためには、建築士事務所は日頃から様々な業務上のリスクへの対応策等を考えておく必要があります。

ポイント解説とトラブルの回避・解決

　この事例のように、webサイト（ホームページ）を見て連絡してくる未知のクライアントと係る仕事については、各々の建築士事務所で、内部規定（参加する場合の条件設定）を設けるなど、日頃から対応について十分注意しておく必要があるでしょう。特にコンペやプロポーザルと称して、基本設計に近いような過剰な提出物、成果物の要求、要請がある場合などについては十分な注意が必要です。またコンペに参加するにしても、必ず文書で条件や参加の意思、選考方法や報酬、あるいは落選案を無断で採用しない旨や著作権の帰属の規定などを確認すべきでしょう。
　この事例では、弁護士などに相談し、コンペに参加した当事者としての主観的な思い込み等が、応募案に酷似しているという印象の根拠となっていないかなどを十分点検、確認したうえで、調停や訴訟の提起などによって争う可能性があります。

※参照法令、契約約款など
・民法の規定
・著作権法など

C. 建築士事務所に係る紛争等の事例　　事例49

建築設備士資格者だけの設備設計事務所で、建築士法上の責任を追及された事例

事例の概要

　　ある建築設備設計事務所は、建築設備設計士資格者のみの所員構成で、建築士資格者がいない状態で業務を続けていましたが、平成19年1月に8階建て3,500㎡の事務所建築の電気・機械等の設備設計を再委託で受託しました。ところが竣工した建築物に設備設計上の問題などが発生し、当該建築設備設計事務所は建築士法上の責任を追及されています。

トラブルの処理

　　この事例の場合、当該建築設備設計事務所には、管理建築士や設備設計一級建築士など、建築士が必要で、インハウスで有資格者がいない場合には建築士事務所としては登録できないため、現在では、単独受注や再委託による受注はできません。にもかかわらず、他人の求めに応じて報酬を得て、設計等を業として行っているため、建築士法第23条の10に違反し、罰則の適用があると考えられます。また、このケースでは当然再委託業務の発注者との間の契約による契約責任があるので、業務の内容に契約違反があれば、その範囲内で契約上の責任を負う可能性があります。

ポイント解説とトラブルの回避・解決

　　現在では、建築士法の趣旨に従い、基本的には当該建築設備事務所は、有資格者のいる事務所と組むか、有資格者を採用するといった方法で、建築士事務所として対応しなければ、再委託の設計業務を受託することは出来ません。

※参照法令、契約約款など
・建築士法　第3条（一級建築士でなければ出来ない設計又は工事監理）
・建築士法　第5条4第3項（設備設計一級建築士が設備設計を行うべき建築物）

C. 建築士事務所に係る紛争等の事例　　　　　　　　事例50

建築士事務所の経歴等のwebサイト（ホームページ）への虚偽の記載等で契約解除された事例

事例の概要

　　一級建築士事務所の開設者A氏は、webサイト（ホームページ）上に受注の勧誘を目的として、全く経験のないある類型の建築物の設計・監理業務を、経験豊富で得意分野であるとうたって掲載し、それを信用したクライアントから、当該分野の施設の設計を受託しました。その後、建築主は設計業務段階での当該建築士事務所やA氏の対応を頼りなく感じたので、契約解除を申し入れてきました。その際に、A氏はクライアントからwebサイト（ホームページ）の当該建築士事務所の経歴に関する虚偽記載を指摘されました。

トラブルの処理

　　この事例の場合、虚偽記載には不当表示の疑いがあります。一方、契約解除の時点で、業務が進捗していて、四会連合協定建築設計・監理等業務委託契約約款などを用いて契約していれば、解約時点での割合報酬を請求出来る可能性はあります。話し合いがつかなければ、建築主側は不当表示で、設計者側はそれまでにかかった費用の請求等を原因として、調停や訴訟の提起などの可能性もあるでしょう。ただし、紛争の展開次第では、建築士は不誠実な業務行為を行ったとして、契約解除の争いとは別に建築士法違反による懲戒処分等の問題になる可能性もあるので、注意が必要です。

ポイント解説とトラブルの回避・解決

　　まず、webサイト（ホームページ）に限らず、建築士事務所では、違法となる経歴詐称や虚偽記載等の不当表示は一切行わないことが肝要です。
　　一方で建築士事務所としては、契約解除に当たって履行した業務量や業務内容を明示できるよう、業務等の記録は普段から十分整備しておくことが大切です。

※参照法令、契約約款など
- 民間連合協定工事請負契約約款第3条　関連工事の調整　（条文省略）の規定など
- 建築士法第2条の2　（職責）
- 同法第10条（懲戒）1の2項　業務に関して不誠実な行為をしたとき
- 四会連合協定建築設計・監理等契約約款（関連条項：第26条、第27条参照）委託者（建築主）に任意の解除権がある、また受託者には割合報酬請求権がある。など

A B C **D** E F

D. 工事施工者に係る紛争等の事例　　　事例51

瑕疵と追加工事の支払いをめぐる建築主と工事施工者の争いで、建築主から未払い分を瑕疵修補相当額で相殺するといわれた事例

事例の概要

　　ある工務店は、設計施工一括で延べ135㎡の戸建住宅の工事を受注して完成し、引き渡しましたが、建物内部に施工瑕疵（内容は傷やシミ、造作の見栄えが悪いなどの美観上の瑕疵が主でした）があるといわれ、当該個所の手直しを実施しました。ところが、建築主は納得せず、今後他の工事業者に手直しをさせるので、その費用を当該建築主が当該工務店に追加工事で依頼して完了している外構工事費約270万円（未払い）と相殺すると通告してきました。外構工事も当該建築主によれば不完全なので、これを修補してもらった後に相殺する、また、それとは別に慰謝料を請求するといわれました。建築主側が他の業者から取った当該建物内部の手直し工事の見積り金額は、当該工務店側で算定した修補工事費70万円よりも約200万円高かったようです。外構工事については、工事費の詳細の合意がないまま口頭による指示で当該工務店側は施工し、約270万円の工事費用を請求しましたが、建築主の外構工事の予算はその約1/3程度でした。

トラブルの処理

　　この紛争事例では、美観上の瑕疵の修補をめぐって建築主と施工者の間で争いがあり、建築主は信頼関係の崩壊を理由として、手直し工事を当該工務店にはやらせたくないという背景がありました。また、美観上の瑕疵をめぐる争いについては、瑕疵の有無自体を社会通念などに照らして判断するしかなく、修補しても満足度は一様ではありません。
　　一般にこうした紛争では、当事者間（例えば現場の施工担当者と建築主の間など）の感情のもつれなどが背景にあることが多いのですが、傷や造作などの過剰な瑕疵の指摘等については、こうした感情的な問題も影響してきます。感情的に行き違ってしまった争いの解決には、第三者の介入が不可欠で、民事裁判における判決や調停などによらざるを得ないのが実情です。このケースでは建築主の主張も一部ですが認められて和解が成立しています。

ポイント解説とトラブルの回避・解決

　　こういった事態にいたらないためには、施工者は建築主との打ち合せ、工事を進めるための合意の経過などを、極力文書等で明らかにしておくことが必要です。また外構工事等、後で追加されるものについては、見積りからはじめて、合意を積み重ねて受注するようにしないと、口頭などで安易に実施してしまった場合には、しばしばこうした問題が発生するおそれがあるので十分注意しなければなりません。

※参照法令、契約約款など
・調停、仲裁（仲裁合意が必要）など、民法上の判断となる。

D. 工事施工者に係る紛争等の事例　　　事例52

追加変更工事代金について、発注者が元請に支払わない場合に、下請けから注文者である元請への請求が認められるかという事例

事例の概要

　　既存ビル内の飲食テナント店舗の大幅な改築工事で、元請会社の下請けとして設備工事を担当した会社が工事をしていましたが、設備工事の内容に大幅な変更が発生しました。
　　発注者である建築主は、当該変更は当初見積りに工事全体として含まれており、その位置などの変更であって、追加の工事はないという見解であり、元請施工会社に支払は一切なされませんでした。
　　店舗改装工事は短工期であり、工事進行に合わせて工場での製作は進んでおり、工事途上の変更による追加工事と同時に、細かい追加工事の発生もあったので、その都度の見積りの取りまとめによる提出は難しかったことから、下請け会社は完成後まとめて元請施工会社に対して内容の変更に伴う追加変更工事費を請求したのですが、元請会社は追加工事費の支払いを受けていないのでこれを拒否しました。

トラブルの処理

　　多数の店舗を経営する会社などの場合、元請施工者に工事させながら店舗内容を考えていくことがよくあります。また、本件の元請施工会社もそういった仕事の進め方に慣れていて、予め、変更を考えながら工事を進めるようにしていたようでした。
　　この紛争事例では設備、特に空調・換気及び給排水設備工事が大幅に変更され、建築主のやり方に慣れていなかったことから、こうした事態を予期出来なかった下請けの設備会社にしわ寄せがきた可能性がありました。
　　しかし、建築主と元請のあいだの関係は、元請と下請に直接関係しません。あくまで元請は、下請に対し、当初頼んだ工事内容を変更したり追加したりすれば、発生した追加工事代金を支払う義務があります。すなわち、建築主が元請に追加代金を支払ったか否かは、元請下請の間では関係ないことになります。

ポイント解説とトラブルの回避・解決

　　施工会社の担当者や設計者は、工事中の設計変更を常に行う癖のある建築主、あるいは厨房設備内容や配置の確定など遅れがちな飲食店舗の工事中の内容検討の進め方などをよく理解して業務を行うことが大切です。
　　この事例では、設計変更に対応しながら追加変更工事請求を認められなかった下請けの設備会社も、今後はよく情報などを集め、そのような傾向を承知したうえで、対応していくことが不可欠と思われます。

■参照法令、契約約款など
・四会連合協定建築設計・監理等業務委託契約約款業務委託書監理業務7．条件変更による設計変更701、大規模の設計変更（設計業務と監理業務が一括して委託されている場合）、702軽微な設計変更、の各項、参照
・民間連合協定工事請負契約約款第28条工事の変更、工期の変更参照

A B C **D** E F

D．工事施工者に係る紛争等の事例　　事例53

建築主による地盤調査報告書では少量とされていた敷地内の大量のガラによる基礎の変更費用は、誰が負担すべきなのかが争いとなった事例

事例の概要

　　ある建設会社は、建築主から、RC3階建てのマンション工事を設計施工一括で受注しました。建築主が実施した地盤調査の報告書には「少量のガラの存在を示す表示はあるが、通常の処理はしたので問題ない。」という説明がされていたので、当該建設会社の設計者は再委託先の構造設計事務所には直接基礎で設計を依頼しました。ところが、実際に掘削したら大量のガラが出てきて、地耐力不足で、地盤改良も出来ず、杭基礎で施工するしかない状況でした。地中状況に由来する変更なので、設計や工事内容変更に伴う費用負担を建築主に依頼しましたが、設計施工で受注した当該建設会社の検討不足であるとして、応じてもらえませんでした。

トラブルの処理

　　設計者は、建築主から提供された資料に基づいて、設計の方針を定めなければなりませんが、これが現場の状況と相違している場合には、その責任の所在が問題となります。一方で工事施工者は、設計内容や施工条件に疑義があったり、現場が設計と相違している場合は、施工方法や工事金額等の変更について建築主と協議することになります。

　　この紛争事例では、建築主の提供する資料に疑義があった場合の確認の有無などが問題になりました。民間連合協定工事請負契約約款には、例えば第16条に設計、施工条件の疑義、相違などという規定がありますが、この場合、発注者（建築主）、受注者（工事施工者）、監理者の3者の協議によって解決するとされています。設計施工一括の場合には、建築主の調査報告書をうのみにしたことが善管注意義務に反しないかが問題になり、統括業務を行う設計者については、（再委託の場合を含めて）構造設計者との協議・確認不足などについてその責任の一部を負う可能性があります。また施工者は現場が設計図書と相違していた場合には、上記のごとく建築主と協議します。ただし、この事例は設計施工一括受注であることから、設計者の責任や施工者の責任を明確に区分しにくいことから、十分な確認を怠った責任は、当該建設会社全体に及ぶと判断されています。結果的には建築主との調停による和解の解決となりましたが、地中状況とはいえ、十分な確認を怠った場合には、当該建設会社が建築主に一方的な負担を求めるのは難しいケースもあると思われます。

ポイント解説とトラブルの回避・解決

　　建築主から提供される敷地に関する情報（敷地境界、地盤状況など）の精度について、設計者、施工者は自らの業務に照らして再確認する必要があるでしょう。仮に間違った情報であっても、専門家としてそれを見過ごしたことによる責任が追及される可能性があります。

※参照法令、契約約款など
・民間連合協定工事請負契約約款第16条(1)項など
・四会連合協定建築設計・監理等業務委託契約約款第16条の3（業務委託書の追加、変更等）など
・同上第23条（成果物の瑕疵に対する乙の責任）など

D．工事施工者に係る紛争等の事例　　　　　　　　　　　事例54

地盤の不同沈下の発生が施工者の責任とされ、建て替え相当の修補請求をされた事例

事例の概要

　　A氏は、建売住宅販売を行うある建設会社から、当該建設会社が施工した土地付き2階建て木造住宅を購入しました。ところが、この土地は3年前に畑地であったところを宅地造成したもので地盤が悪く、A氏が入居後まもなく建物は傾き、不同沈下によると思われる不具合が頻発しました。そこで当該建設会社は、すぐ基礎をジャッキアップによる工法で修補したところ、A氏は納得せず、当該建設会社の当初の基礎部分の施工瑕疵であり、今後さらに不同沈下が進行する可能性は否定出来ないと主張して、建て替え相当の修補費用を請求しました。

トラブルの処理

　　基礎部分の瑕疵修補については、現在では技術的には様々な方法があり、建て替えまでしなくても修補は可能である場合が多いようです。また工法ごとに専門業者もいます。しかし、この事例のように買主や建築主は不安なので修補では納得出来ないというケースも多いようです。不同沈下については傾斜角のみならず、変形角などの検討、外壁の倒れ、異種基礎の混在（禁止されている）がないか、周辺の建築物や工作物の傾向はどうか、などを注意深く見る必要があります。
　　この紛争事例では、A氏の当該建設会社に対する不信が決定的であり、結果的には不同沈下がおさまって地盤が安定するまでの今後の修補費用予定額をもって和解することになる可能性が高いと思われます。その後はA氏が別途に依頼した施工者、専門業者などが時期を見て当該修補を行うことになります。その際には、不同沈下による建築物全体の影響を詳しく調査する必要もあるでしょう。

ポイント解説とトラブルの回避・解決

　　（建売住宅販売者のポイント）
　　基礎部分の瑕疵は、全面建て替えや、買い取りの主張、請求につながることが多いので、十分な注意が必要です。
　　地盤の状況や木造RC基礎については、工事監理の重点項目であり、工事監理の実効性が担保されなければ、あとあとトラブルにつながる可能性は高くなるので、この点についても建設時点での注意が必要でしょう。
　　（購入者のポイント）
　　一般に信頼できる業者から購入すること、さらに建物の不同沈下などの事故に会わないためには、その土地の過去の経歴を調べ、周辺の様相なども見て、建物を建てるに足る地盤であるかどうかを確認すること、少なくとも基本的なことについては、あらかじめ専門家である建築士などの助言を得ておくことも大切です。

※参照法令、契約約款など
・建築基準法など
・調停、仲裁（仲裁合意が必要）など、民法上の判断となる。

D. 工事施工者に係る紛争等の事例　　事例55

新築建売住宅の雨漏りによる損害は、すべて瑕疵担保責任として当該施工者が負うべきかが問題となった事例

事例の概要

　　A氏は、建売住宅の販売を行うある建設会社から、当該建設会社が施工した新築戸建住宅を購入しました。ところが入居後まもなく雨漏りがして、そのたびに当該建設会社を呼んで修補してもらいましたが、雨漏りはやまず、やがて当該建設会社が修補にも応じなくなりました。A氏が知り合いの建築士に見てもらったところ、バルコニーの大きな庇（ひさし）から漏水しており、このことを当該建設会社に伝えました。結局この瑕疵については当該建設会社が修補し、ようやく雨漏りは止まりました。しかしA氏が求めた汚れた家具、備品、造作等の交換や修補、クロスの全面張り替え、その他数十項目に及ぶ雨漏りによる二次被害については、修補の対象外であるとして手直しに応じなかったことから、A氏と当該建設会社の間で残りの修補、損害賠償請求をめぐる争いになりました。

トラブルの処理

　　この紛争事例は、施工者の瑕疵修補責任の内容、その範囲等についての争いです。雨漏りに伴う家具や調度品、シミや汚れなどのすべてに施工者の修補責任があるのか、免責の範囲はどこまでか、などの法的判断の問題となっています。
　　また、この事例には明らかに美観上の問題が含まれるので、修補等の範囲の特定については、社会通念に準拠した判断の範疇となる部分もあると思われます。例えば畳の一部が汚れていたら全部取り換えるのか、家具についたシミによって家具のセットすべてを取り換えるのか、などといった問題があるでしょう。最終的には本件のように裁判所による判断となります。状況、程度にもよりますが、建築主の主張がすべて認められるとは限りません。売買代金や社会通念の範囲で見苦しくない程度であればよいと判断される可能性があります。本件では、結果的に二次被害の主張の多くは、受認限度の範囲内であるとして認められませんでした。

ポイント解説とトラブルの回避・解決

　　建売住宅を購入する場合、購入者としては、価格だけではなく、極力信頼できる建設業者からの購入を心がけるべきでしょう。また建設業者としては、雨漏りなど、誰が見てもわかる瑕疵や構造体に係わる重大な瑕疵につながらないよう、施工には常に気をつけていく必要があることはいうまでもありません。

※参照法令、契約約款など
・民法第634条第1項（請負人の担保責任）但し書き上の判断となるなど

D. 工事施工者に係る紛争等の事例　　　　　事例56

外壁モルタルのひび割れ発生をめぐって、施工責任や修補の跡は完全に隠せるかなどが問題となった事例

事例の概要

　　建築主は、ある工務店に設計施工一括でRC造3階建ての自宅の新築工事の施工を依頼しましたが、竣工後間もなく外壁のモルタルに細かな亀裂が発生しました。早速、当該工務店に調査をして、補修するように申し入れしましたが、もう少し様子を見ようということになりました。竣工後3年目で亀裂が進行していることから、建築主から当該工務店に修補の請求があり、その際には明らかに施工の瑕疵であるから無償で修補し、さらに新築からそれほど時間も経っていないので、亀裂補修の跡が残らないように、完全に修補するようにと要求しました。これに対して、当該工務店は、外壁モルタルの亀裂は、材料特性から来る経年変化による収縮亀裂で、構造上の亀裂ではないことから、2年の瑕疵担保期間を過ぎており無償修補の義務はない、また完全に修補の跡を隠すことは工法上不可能であると主張して、争いになりました。

トラブルの処理

　　RC建築物のモルタル外壁の亀裂については、収縮亀裂であれば一般に1～3年のうちにほぼ出切るので、地震被災などを除けばそれ以上進行する可能性は少ないといわれており、この紛争事例では、概ねこうした期間を経過しています。亀裂の原因、つまり構造亀裂か、収縮亀裂かの判断と、修補の方法（修補の跡が全く分からないような部分修補）をめぐる美観上の程度の判断についての争いの事例です。

　　亀裂の原因特定については、鑑定や第三者による調査などで、ある程度の判断は可能です。構造亀裂は、他の不具合（梁が下がる、不同沈下、外壁の傾き、基礎の不具合）を伴うことがあり、地震や周囲の工事振動などによって発生している場合もあります。0.3～0.4mmを超えるような亀裂の場合は、構造亀裂の可能性があり、不同沈下や部材設計のミス、伸縮目地の不足、あるいはRC造では型枠脱型のタイミングや強度不足など施工に起因する場合は、施工瑕疵の可能性も考えられます。また、美観上、補修の跡が残らないという工法は、そのこと自体が主観的な判断を伴う「程度の問題」でもあることから、一般には完全に隠すこと自体は困難といえます。収縮亀裂であれば、修補は竣工後10年～15年のあいだに全面吹き替えをする大規模修繕などで行うことが一般的でしょう。

　　この事例では、紛争処理の際の判断等で、特に施工瑕疵ではなく、すべて無償修補する必要はないとされています。

ポイント解説とトラブルの回避・解決

　　モルタル仕上げでは、施工時に経年でクラックが生じにくいよう施工期間や温度管理、養生などを十分心がけ、また収縮亀裂は構造上は問題ないこと、コンクリートやモルタルなど、水を使う材料においてはその材料特性としてある程度はやむを得ないことなどを建築主に引き渡し時によく説明し、納得してもらっておく必要があります。

※参照法令、契約約款など
・建築基準法、鉄筋コンクリート造の各種技術基準など
・調停、仲裁（仲裁合意が必要）など、民法上の判断となる。

D. 工事施工者に係る紛争等の事例　　事例57

分譲共同住宅の上階からの騒音が施工瑕疵によるものとして施工・販売者に対し契約解除の申し立てがなされた事例

事例の概要

A氏は、ある建設会社の設計施工による新築中層マンションの1室を購入しました。このマンションは遮音性に優れていることをうたい文句に販売していましたが、入居してみると、上階の居住者の歩行音、話し声、トイレや排水の水音などが筒抜けで、A氏は、施工瑕疵あるいは誇大広告による不法行為も視野に入れて、契約解除を主張しました。

トラブルの処理

瑕疵担保責任による契約解除は、売買物件の隠れた瑕疵により契約の目的が達成されない場合にのみ可能です。仮に、上階騒音の状況が受忍限度を超えている場合には、住むという目的が達せられていないと判断され、契約解除が認められる可能性があります。もし契約解除が認められない場合は、適切な方法で瑕疵修補等をする費用等をめぐる損害賠償請求の争いとなると思われます。

この事例では、販売に際して遮音を売り物にしていたという事実があれば、契約解除が認められる可能性が高いと思われます。また、もし修補する場合には、例えば2重天井、2重壁の設置、あるいは絶縁工法等による改修、排水経路や排水管の改修などによって上階騒音を抑え、生活する当事者が納得できるかどうかを確認することがポイントになります。いずれにしても、こうした事例では、最終的にはADR機関などの第三者への依頼、裁判所などによる判断、調停手続きなどによる解決が必要と考えられます。

ポイント解説とトラブルの回避・解決

（施工業者のポイント）

建築物の遮音性を売り物にするためには、きちんとした技術的根拠を持った設計内容や施工とすることが前提となります。音の環境については、主観的な問題もあり、購入者によって感じ方が違うので、単に遮音性がよいなどといった定性的な表現ではなく、科学的な根拠で遮音性能（上下階遮音量60デシベルなど）の明示をあらかじめ行うべきでしょう。

（購入者のポイント）

遮音性をうたう広告などは、実際には根拠のあいまいなものも多く、買主側でこの程度の性能を要求するが応えられるだろうか、という技術的な問い合せ等により、書面で確認等を取る、仮に図面や資料等があれば、購入前に遮音性能などについては、建築士に見てもらうなどの対応をすべきでしょう。

※参照法令、契約約款など
・建築学会による遮音性能の基準など（ただし、平面上隣接する部屋の性能基準のみで上下階の基準はない）
・調停、仲裁（仲裁合意が必要）など、不法行為などは民法上の判断。

D．工事施工者に係る紛争等の事例　　　事例58

設計施工一括契約による新築工事で、図面間に不整合があり、契約内容はどちらの図面によるものかの判断等をめぐって争いとなった事例

事例の概要

　　ある建設会社は、建築主から11階建ての複合建築物を設計施工で受注しました。当該敷地には南北で約1.7mの高低差（南を0とすると北側は＋1.7m）があり、南側前面道路側（＋－0mレベル）を1階（店舗）基準床レベルとして平坦に設計し、建築確認も受けましたが、建築主と契約した図面には、北側敷地の建築外の部分（幅約3m）もこの1階床レベル（立面図4面のGLはすべて＋－0mとして平坦に描かれている）で書かれており、建築主はこの北側部分を貸店舗のバックヤードとして使えると見込んでいました。しかし出来上がってみるとこの北側外部部分は1階床より1.7m高く、確かに出入り口は付いていましたが、1.7mの高低差の階段が室内側についていました。当該建設会社は、施工中にこうした敷地状況は建築主も十分確認しているので、この処置には同意していたはずである、また北側外部を1階床と同じレベルに記載しているのは立面図だけで、これは単なる表記ミスであり、建築主もそのことを承知しており、これをもって契約内容に違反しているとはいえないと主張しました。契約内容はあくまで建築物周囲を平坦化するものであるとして、契約内容通りに再度施工する（掘り下げる）よう求めました。その主張の根拠は一般図の1/200の立面図でした。

トラブルの処理

　　設計図面（立面図）で全周の地盤面が平坦（すべて＋－0mレベル）であるように書かれているにもかかわらず、実際にはそのように施工されていないという図面と施工の食い違いは、建築主が工事中に現場を訪れ、仮に平坦でないことを認識していても、最終的には図面の通りに施工されると考えていた可能性があることから、単なる標記ミスでは済まされない場合があります。この紛争事例では、設計の瑕疵による修補工事として、北側擁壁を作り直し、北側敷地を掘り下げるといった多額の再工事費用を求めることが、上記の経緯から妥当であるかどうかが争点となりました。

　　この事例では、一般図の1/200の立面図以外に、このレベル差の処理を表現した図面は無く、一方でこの処理を行わないとする情報も見当たりませんでしたが、結果的には裁判所の判断となりました。

ポイント解説とトラブルの回避・解決

　　簡単な立面図（一般図）といえども、契約書に添付した設計図書は契約内容であり、杜撰な設計図書のまま着工して、十分な説明や確認を怠った当該建設会社に相応の責任が問われる可能性があります。お互いにわかっているはずという自らに都合のよい思い込みによって、図面間の不整合などが完成まで放置されていると、契約内容の判断をめぐる大きな問題となるケースも多いので、建設会社は、設計内容と施工内容の整合に気を配り必要な修正を行い建築主によく説明し、合意を得ておくことが必要です。なお、工事内訳書への不記載は単なる「見積り落ち」と主張される場合があります。

※参照法令、契約約款など
・民法上の判断、また建築士法第18条2項の説明責任が該当

D．工事施工者に係る紛争等の事例　　事例59

半地下車庫で床の勾配に難があり、車の入出庫が十分に出来ないことが施工後に判明し、設計者だけではなく、施工者の責任が問題となった事例

事例の概要

　　A氏は、自ら所有する車が入る半地下車庫のある新築戸建住宅の設計監理を建築士事務所に委託しました。工事はある建設会社が受注しました。この車庫は設計図書の通り出来上がりましたが、肝心の車の出し入れでは車の下面を擦ってしまい、満足に出入庫出来ませんでした。A氏は設計の瑕疵を指摘し、改修工事の費用を当該建築士事務所が出すよう求めました。これに対して当該建築士事務所は、工事請負契約では施工者が設計図書の通り施工しても、その不具合を承知しながらこれを建築主に告げない場合は施工者にも相応の責任があるはずで、当該建設業者は当初からこの懸念を表明していながら、これをA氏に告げず、また当該車庫を作業スペースとして竣工時まで使用していたので、入出庫の検査や試行が十分実施出来なかったためにそのままになったもので、当該建設業者にも責任があると主張しました。

トラブルの処理

　　例えば、民間連合協定工事請負契約約款の第16条（設計、施工条件の疑義、相違など）には、図面・仕様書等に疑義がある場合や、その通り施工することが適当でないこと認めた場合には、すぐ工事監理者に書面で告げるという規定があります。また同約款第17条には、建築主や監理者の指示によって図面、仕様書の通りに実施されていない施工の場合には、施工者の責任が免責される規定が示されていますが、これらの規定でも、仮にそうした指示や図面の指定が適切でない事を施工者が知っていたら免責されないとしています。
　　この事例では、仮に施工者が工事用の類似寸法の車両の入出庫などを通じて設計図書の通りの寸法では、建築主が所有する車の入出庫が困難であると十分承知していたとすれば、施工者も瑕疵担保責任を負う可能性があります。

ポイント解説とトラブルの回避・解決

　　日本の都市部の比較的狭隘な住宅敷地に一般的に見られる半地下車庫の車両の入出庫は、寸法の取り方が難しく、また現場の道路レベルとの取り合いで、微調整が必要となる場合も多いので、施工者も設計監理者と十分打ち合せをして、慎重に進める必要があります。監理者も施工者と共同で下地段階で試験入出庫を実施して十分調整するといった配慮などが必要でしょう。

※参照法令、契約約款など
・民法第640条
・民間連合協定工事請負契約約款第17条　図面・仕様書に適合しない施工(4)及び(5)の規定など

D. 工事施工者に係る紛争等の事例　　　　　　　　　事例60

リフォーム工事で主に施工時の打ち合せによって工事を進めたが、建築主から打ち合せ通りに工事が実施されていないとして、損害賠償請求をされた事例

事例の概要

　　ある内装・家具業者は、地上2階建RC造の戸建住宅の内装・家具のリフォーム工事一式（設計、監理、施工、家具製作据付）を受託し、完成引渡し後、請負代金の未払い分の請求を行いました。契約時の設計図書は、改装部分と家具配置を示す1階及び2階平面図に家具の写真を添付した簡略なもので、細かい内容は工事中に依頼者と打ち合せながら進めていきました。

　　それに対して建築主は、目的物の引き渡しは受けたが、内容は打ち合せ通りになっていないとして請負契約を解除し、支払い済みの改修費用の返還を求めました。その後、さらに建築主は多数の瑕疵があること、要望通り出来ていないところが多々あるとして、損害賠償請求をしています。建築主の口頭による要望が実現されていないということに対して、内装業者はそれらに応えてきたとしているものの、それを客観的に証明するような書面、例えば、打ち合せに係る記録などはほとんどありませんでした。

トラブルの処理

　　この紛争事例では、リフォーム業者は、打ち合せに基づいて設計施工、製作をしていると主張しているものの、一方で建築主は自分の意図通りのリフォームとなっておらず、工事中、現場で細かいことまで打ち合せしたにもかかわらず無視されていることが多いと主張していますが、打合せ内容を示す記録がないため、どちらのいい分が正しいかは判断できません。このような場合、裁判所等の判断においては、どちらかというと責任問題としては専門家側に不利に働くことがありますので、注意が必要です。

　　また、建築主から明確な指示がなかったところについても、リフォーム業者としては、設計図に基づいて建築主と打ち合せして、きちんと合意しておくべきです。請負契約では、目的物の完成後の契約解除は制限されていますが、こうした説明が不十分であったと思われる部分の修補費用については、損害として賠償責任が認められています。

ポイント解説とトラブルの回避・解決

　　特に改修工事の場合、家具・内装業者は建築主の要望を具体的に聞いて、契約時の設計図書、見積書に記載し、確認するとともに、工事中に現場で要望を受けた場合には、その内容と工事金額の増減について、そのつど書面を作成し、建築主に確認しておく必要があります。口頭のみの確認では、仮に良かれと考えて実施したにもかかわらず、この事例のように建築主から損害賠償請求されるなどの可能性があります。

※参照法令、契約約款など
・四会連合協定建築設計・監理等業務委託契約約款業務委託書E監理業務　7．条件変更による設計変更701、大規模の設計変更（設計業務と監理業務が一括して委託されている場合）、702軽微な設計変更、の各項、参照
・民間連合協定工事請負契約約款第28条工事の変更、工期の変更参照

E. 建築主等に係る紛争等の事例　事例61

新築工事で、工事請負契約の契約内容（含まれる）なのか追加工事（含まれない）なのかの線引き等をめぐって争いとなった事例

事例の概要

　　A氏は、ある建設会社にRC三階建ての賃貸ビル新築工事を設計施工一括、契約金額6億円で依頼しました。その際に、設計図書には曖昧にしか書かれていないかなりの部分について、建築主として詳しく説明して希望を伝え、その部分の費用は当然契約内容に含まれていると考えていました。さらに設計図書に無い新たな追加工事の見積りを取って当該工事の依頼をしましたが、その追加部分についても、施工中に細かく指示をして、その通りに施工してもらったところ、竣工後に請求書がきましたが、当初契約に対する変更が800万円、追加工事費とその変更分が1,500万円となっており、追加変更工事を依頼した時点の見積り1,000万円を追加支払いの上限と見ていたA氏は驚いて、当該建設会社との間で紛争になりました。

トラブルの処理

　　設計図書に当初建築主が希望した内容が盛り込まれていない場合、記載されていても細かい部分が表現されていない場合、建築主はそれらが施工の過程で盛り込まれていくことを暗黙のうちに期待するのではなく、具体的に確認しておく必要があります。本事例はそういった確認と合意なしで、設計図書に記載されていない要望が建築主から建設会社に伝えられ、実施されていく場合、建築主は約束の工事費用の中でやってくれるだろうと思い、建設会社は新たな追加・変更工事の発注と受け取り、お互いに自分にとって都合の良い解釈がなされ、最終的にお互いの主張だけが繰り返されて争いになったものと思われます。建築主が建設会社と合意した本工事の工事範囲、契約内容を示す設計図書や契約書に明確な記述がない内容の工事を行う場合、あらためて希望を述べて、それに従った設計内容にして工事を進めてもらう時には、それが、すでに契約した工事費の中で実現できるか、新たに追加費用が発生するかどうかをよく確認しなければなりません。それを怠り、結果的に後出しジャンケンのような対応では、追加工事費をめぐる争いとなることがあり、結果的には、この事例のようにADR機関などの第三者、裁判所などによる判断、調停手続きなどによる解決が必要となります。

ポイント解説とトラブルの回避・解決

　　この事例は、追加工事の工事金額をめぐる典型的なトラブルです。（工事）監理が十分機能しておらず建築主と施工者の双方が、それぞれ自分にとって都合よく契約内容を解釈しており、それを相互に確認していません。事前に必ず文書できちんと確認し、工事着工後、さらに要望を出してその実現を依頼する場合は、元の工事契約の範囲内か、さらにどれくらいの追加工事費が必要か、などを確認したうえで合意して進めるようにしなければなりません。工事担当者が設計や営業の担当者には話してあるということで一方的に進めると争いになることがあります。また追加工事は、内容が漠然としていると、見積りも概算程度の精度の低いものとなりがちであることから、本来は契約時と同じ精度で作成するべきでしょう。

※参照法令、契約約款など
・民間連合協定工事請負契約約款第28条　工事の変更、後期の変更：第29条　請負代金額の変更など

E．建築主等に係る紛争等の事例　　　　　　　　　　　事例62

建築士事務所で手配した測量や地盤調査は、契約内容に含まれるのか別途業務なのかが問題となった事例

事例の概要

　建築主は、ある設計事務所に事務所ビル（鉄骨造5階建て）の設計・監理業務を委託しました。設計・監理業務委託契約は告示第15号の標準業務を中心とし、建築士事務所は重要事項説明の際に測量、地盤調査が別途必要なことを口頭で説明しました。こうした業務は標準外の業務で、本来建築主が設計の与条件として設計者に提供するものであるという趣旨を説明したところ、建築主は、測量及び地盤調査の実施についても、設計事務所側でお願いしますと依頼しました。建築士事務所は、この建築主の返事を調査業者のあっせんを依頼されたと考えました。

　設計事務所は、早速測量と地盤調査を外注先に依頼しそのデータをもとに、設計をまとめました。実施設計が完了した時点で、契約に基づく設計報酬とは別に、調査業務として、測量費、地盤調査費の実費を請求したところ、建築主は「契約書にも記載が無く、見積書もないので、当然測量と地盤調査は設計業務に含まれていると考えていた」と支払いを拒否しました。

トラブルの処理

　契約に含まれない調査業務に対して、見積書及び契約書を作成しなかったために、建築主に調査業務は設計報酬に含まれているサービスであると誤解させてしまった事例です。また、重要事項説明書や業務委託契約書には、調査業務として、測量費、地盤調査費の実費は別途であるとの特記が抜けていました。建築士事務所では、建築主が了解しているので当然払ってもらえるものと考えていましたが、建築主は、そのデータがないと設計が出来ないという説明を聞いて、むしろそれは設計業務の一環であると考えてしまったようです。このケースでは双方が負担割合を定めて負担することになりました。

ポイント解説とトラブルの回避・解決

　この事例は、双方がそれぞれ自分の都合のいいように解釈した結果による典型的なトラブル事例です。建築主と設計者の双方が、それぞれ自分にとって都合よく状況を解釈しており、それを相互に確認していません。建築士事務所も調査業務は別途であると事前に必ず文書できちんと建築主に説明、確認し、設計を進めていかないと争いになることがあります。

　設計前業務やこの事例のような調査業務は、基本的に設計業務には含まれない別途業務です。しかも本来このデータを用意し、提供するのは建築主です。建築士事務所に調査を行う業者等のあっせんを依頼することは可能ですが、見積りを取り、支払い条件等を確認して建築主が発注しなければなりません。

※参照法令、契約約款など
・民間連合協定工事請負契約約款
・業務報酬基準の告示第15号など

E. 建築主等に係る紛争等の事例　　　事例63

設計提案が気に入らないという理由で、建築士事務所との設計業務委託契約を解除した事例

事例の概要

　　ある建築士事務所は、RC造3階建て250㎡の戸建住宅の設計・監理業務を受託しました。依頼者は屋根形式にこだわり、当初は勾配屋根を希望しましたが、その後建築士事務所の提案を見ながら、なかなか決心がつかず、依頼者の考え方も揺らいだため、基本案は7通りにも及びました。ところが、やがて依頼者は、建築士事務所が力不足で、自分の気に入る案を持ってこなかったと考えるようになり、それが原因で期間がいたずらに伸びたとして、また、今後もこの建築士事務所では自分の気に入る提案を期待することは無理であると判断して契約を解除しました。これに対して、建築士事務所側は、むしろ自分たちは通常の数倍の業務量をかけて、希望に沿うように努力をしてきたと主張し、依頼者に対して、割合報酬その他を損害として損害賠償請求した事例です。

トラブルの処理

　　この紛争事例の場合には、依頼者の一方的な都合による契約解除か、建築士事務所が依頼者の希望に添えないことによる債務不履行責任を認めるかといった争点が含まれています。
　　この事例では、依頼者にも契約目的達成のために、設計に協力する義務があるとして、建築士の努力、業務の履行を認めて、建築士に割合報酬や損害賠償が認められています。四会連合協定建築設計・監理等業務委託契約約款の業務委託契約書では、業務のどの時点であっても委託者（依頼者など）の任意の解除権を認めていますが、その場合、受託者（設計者など）の割合報酬の請求や損害賠償も同時に認められています。実際には設計業務や監理業務については、出来高の算定（どの程度まで業務を履行したか）の判定は難しいのですが、裁判では、本事例のように裁判所が専門家の意見を聞いて業務の進み具合を判断するケースがあります。

ポイント解説とトラブルの回避・解決

　　建築士は、依頼者の希望に沿うかたちで、依頼者の要望をまとめて整理し、業務の各段階で合意を得て、設計者として推薦できる案を提案していくことが大切です。希望されるたびに数多くの案を作り、依頼者が迷い、その結果、この事例のような争いになることは避けなければなりません。つまり設計者の業務における建築主への対応の経過の中にこそ、常に紛争の契機や原因が潜んでいることに、建築士は十分注意しなければなりません。
　　また、紛争になった場合には、建築士は、業務の履行や進捗を証するために、依頼者との打合せ記録、打ち合せに基づき作成したスケッチや提出図面などを、常に時系列で整理、保存しておくことが必須でしょう。依頼者も同様に、いつどのような要望をして、それを図面やスケッチでどのように確認していったか、経過を記録として残しておく必要があります。

※参照法令、契約約款など
・四会連合協定建築設計・監理等業務委託契約約款第26条（解除権の行使、第27条：解除の効果）など
・建築士法第18条第2項など

E．建築主等に係る紛争等の事例　　　事例64

設計者として紹介された建築士が建築士事務所登録をしておらず、建築主は最後まで設計等の業務の責任者が誰であるかよくわからなかった事例

事例の概要

　　A氏は160㎡の住宅の建築を設計施工一括で、ある工務店に依頼しました。当該工務店は建築士がおらず、建築士事務所登録をしてないので、実際には、建築士Bを設計者として紹介しました。当該建築士も建築士事務所登録をしておらず、確認申請書では、全く別の見知らぬ建築士事務所の建築士Cが設計者、工事監理者となっていました。当該住宅建築に関するすべての責任は当該工務店が負う旨の説明は受けましたが、A氏は結局誰が実際の設計監理者なのかよくわからないまま、住宅は竣工しました。ところが竣工後半年ほどで当該工務店は倒産し、ちょうど同時期に発生した不具合箇所について、A氏は問い合せや修補を依頼する相手がわからなくなってしまいました（この事例は瑕疵担保履行法施行以前のケースです）。

トラブルの処理

　　この事例において、設計内容に関する具体的な依頼や竣工後の不具合等の問い合せについては、設計図書を作成したと思われる建築士Bにすることになるはずですが、建築士Bは、A氏との契約上では登場しない人物なので、何かトラブル等があった場合、まずは建築確認を為している建築士Cと、建築士Cが所属する建築士事務所が、設計者、工事監理者として責任を追及される可能性があります。建築工事において工事監理者を置くのは建築主A氏の義務ですが、この事例では工事監理者である建築士Cが実際に業務を行ったかどうかは不明であり、事実上工事監理者なしで工事が行われた可能性があります。その場合には、契約者である当該工務店の工事内容を確認する役割自体が不在であった可能性があり、工事の成否は、結局当該工務店が信用の置ける相手かどうか次第となってしまいます。この事例で竣工後不具合が発生していることからすれば、結局こうした適切な設計や工事監理の機能不全があったと考えざるを得ないでしょう。なお、現在では瑕疵担保法（特定住宅瑕疵担保責任の履行の確保等に関する法律）により、10年間は建設業者が加入する保険等で、2,000万円までの住宅の品質確保の促進等に関する法律に規定する部位の瑕疵修補が担保されます。

ポイント解説とトラブルの回避・解決

　　この事例は、請負大工制のような発注方法による小規模建築などの場合、わが国ではきわめてよくあるケースです。こうした工事では設計者、工事監理者が実際には誰なのか、建築主にはきわめてわかり難いのですが、建築士法の趣旨からすれば、当該工務店は紹介した建築士事務所とA氏との間で設計・工事監理契約を締結してもらうなどの配慮をする必要があったと思われます。この事例では少なくとも建築士B、あるいは建築士Cや所属する建築士事務所の開設者は無登録業務や名義貸しなどにより建築士法違反となる可能性があります。現在では上記の通り、瑕疵担保法などにより、瑕疵修補費用のバックアップについては、ある程度の法的な整備も進んでいます。

※参照法令、契約約款など
・建築士法第24条の7（重要事項関連の条項）同上第24条の8（書面の交付関連の条項）など
・当該工務店は建築士事務所登録をしてないので、建築士法上は再委託には該当しない
・特定住宅瑕疵担保責任の履行の確保等に関する法律
・住宅の品質確保の促進等に関する法律

A B C D **E** F

E. 建築主等に係る紛争等の事例　　　　　　　　　事例65

近隣の日照被害に対する責任は、建築主、設計監理者、工事施工者のうちの誰の責任なのかなどが争われた事例

事例の概要

建築主は、ある建築士事務所に7階建ての賃貸ビルの設計・監理業務を委託し、別の建設会社に施工を請け負わせて、当該賃貸ビルの工事を開始しました。ところが工事途中で近隣住民から日照被害などを理由に不法行為で損害賠償請求されました。近隣住民は、建築主、建築士事務所、建設会社の3者に対し、共同不法行為による損害賠償を求め訴訟を提起したのです。

トラブルの処理

この紛争事例では、建築主との契約によって、業務を行っている設計・監理者や、工事施工者が、完成後の建築物存置によって生ずる事態にどこまで責任を負うのかという争点があります。

建築主は、完成後の建築物の存置によって引き起こされる日照、眺望、通風等の阻害について、責任を逃れることが出来ないと思われます。一方で設計者や施工者は、係り方次第ですが、建築主と通じて他人の利益を妨害する目的があったり、建築基準法違反などがあればともかく、不法行為責任を負うケースは少ないと思われます。

また、工事監理者は、あくまで契約内容や善管注意義務の範囲で責任を負うことが一般で、工事監理業務においては、完成後の建築物の存置によって引き起こされる事態の責任を負うか否かというこの事例のようなケースで、その不法行為責任が認められるケースは少ないと思われます。この事例でも以上のような趣旨による判断がなされています。

ポイント解説とトラブルの回避・解決

建築主は、その地域で長く存続する建築物に責任を持たねばならないことを考え、近隣に迷惑をかけるような建築としないため、設計者とよく相談して計画をまとめることが必要でしょう。

また、設計者は、建築主の目先の利益に追従するばかりでなく、将来にわたる社会的な信頼を確保していくことも考え、近隣に悪影響の少ないものにするよう、建築主に提言し、設計内容を取りまとめていく必要があると思われます。これは建築士の職業倫理上の観点から重要な責務でもあります。

※参照法令、契約約款など
・善管注意義務　民法第644条
・建築基準法、法令等全般

E．建築主等に係る紛争等の事例　　　事例66

建築主の意向で本工事とは別の業者が施工した設備工事などの関連工事について、工程等の総合的な調整義務は誰にあるのかが争われた事例

事例の概要

　　A氏は、新設店舗200㎡の建築内装工事をある工務店に依頼しました（契約には民間連合協定工事請負契約約款を使用しています）。しかし付随する機械設備工事については、A氏と親しい設備会社Bに別途に発注し、同じく電気設備はさらに別の設備会社Cに発注しました。この3社の間の作業等の調整については、A氏は当然当該工務店がやるものと考えていましたが、当該工務店は、設備会社B、CはいずれもA氏と親密であり、自らはこれらの設備会社ほどA氏から信頼されていないと考え、遠慮して特に調整等の業務を主導することはありませんでした。その結果、工期が大幅に遅れ、想定した開店日に間に合いませんでした。A氏はその責任が当該工務店の調整不足にあると主張し、当該工務店側は工期の遅れは設備会社の施工が遅れたことによるものであると主張して争いになりました。内装設計を受託した建築士事務所の担当者は当該工務店に任せきりで、ほとんど現場には来ませんでした。

トラブルの処理

　　関連工事の調整の義務は、民間連合協定工事請負契約約款によれば建築主にあり、施工者は建築主の調整に従い協力する義務があることになっています。従ってこの事例では、工事遅延の原因が仮に調整業務の不十分さにあるとすれば、建築主にも責任があることになり、一方で施工者には協力義務違反の有無が問われる可能性があります。

　　この紛争事例では「民間連合協定工事請負契約約款」を用いているので、ほぼ同約款第3条の規定の通りに対処するべきであったといえるでしょう。つまり建築主であるA氏は、現場の調整の指揮を誰が取るのか、当初に書面で明確にしておくべきであり、これが不明であれば、請負者である当該工務店は、調整業務の実体が掴めないことから、それを契約時にA氏に進言し、誰に調整業務を委託するのかを明らかにしておいてもらえばよかった事例です。

　　なお、この調整業務は、通常の設計・監理業務報酬には含まれない工事着手後の別途の追加業務とされています。監理者や施工者がこれを行う場合には、本来、建築主はあらためて追加業務として発注し、当該業務報酬を支払う必要があると考えられます。

ポイント解説とトラブルの回避・解決

　　建築主は工事を分けて発注する場合には、その調整業務を担う監理者等を特定し、関係者に明示しておく必要があります。それをしない場合には、建築主にその義務が発生する可能性があります。

　　また、受注する工務店などは、他の業者との工程などの調整に当たって、建築主に必要な助言や協力を行うとともに、発注がなければ調整の責任は負えないことを明確に述べ、合意しておく必要があります。

※参照法令、契約約款など
・民間連合協定工事請負契約約款第3条（関連工事の調整）（条文省略）の規定など

E．建築主等に係る紛争等の事例　　事例67

建築主の意向に対して、当該地域の町内会が強制力のない美観に関する規約によって変更を要請してきた事例

事例の概要

　　ある建築士事務所はRC2階建て300㎡の戸建住宅の設計・監理業務を受託しました。建築主との間で陸屋根形式による基本案が合意され、建築主の依頼で当該敷地一帯が所属する町内会の会長宅に、基本案の概略図面を持って説明に行ったところ、町内には美観に関する規約があり、それによると陸屋根建築は認められないのでぜひ勾配屋根の採用を遵守してほしいとのことでした。早速建築主にその件を相談すると、そんな規約は強制力も無いので全く無視するようにといわれました。町内会ではみんなが守ってきたことだからぜひ遵守してほしいと、町内会長は建築士事務所に対して再三同じ要請を繰り返しました。

トラブルの処理

　　この事例は、紛争というわけではありません。最終的な判断は建築主にかかっています。建築士としては少なくとも勾配屋根にするとか、勾配屋根部分を含んだものとするというような建築主の最終的な対応の判断のもととなる様々な選択肢の案を作成し、実現に向けて助言することになります。建築後はここに住み続ける建築主に配慮して、一方的な考え方ではなく、バランスのとれた提案をすることなどが求められます。また町内会に対しては、近隣に必ずしも勾配屋根にしていない住宅も散見された場合など、そのあたりの事情等についてもヒアリングなどを実施して情報収集などをする必要があるでしょう。

　　上記の観点とは別に、この事例では、建築主の判断をサポートする業務が発生しています。この業務は設計業務の延長であるという考え方もありますが、その場合には標準的な業務内容と業務量を大きく逸脱しない範囲で履行する業務があると考えられます。しかしながら、仮にこうした業務によって、極端に全体の業務量が増大するようであれば、あるいは物別れになり計画が中断したような場合には、その報酬額や支払い、業務期間などについて、あらためて建築主との話し合いが必要になる場合があります。

ポイント解説とトラブルの回避・解決

　　設計業務に当たっては、近隣との関係や、協定の存在などについても事前に十分に注意しなくてはなりません。本件の場合には、むしろ積極的に、ここに住み続ける建築主の今後の近隣との関係や、まちづくり的な視点、景観としての視点など、多角的な観点・視点から有用な情報を建築主に提供しながら、環境と調和するデザインとは何か、あるいは住まいのあり方とは、などという基本認識を共有し、さらに建築主の社会的な視点の確保に向けた助言を行い、事態の打開に向けての努力をするべきでしょう。

　　設計業務については、一般に個別性が強いので、状況次第で業務量の変動も大きくなる可能性がありますが、委託者の都合で大きく変動する場合には、何らかの配慮をしてもらえるようあらかじめ契約で定める（四会連合協定建築設計・監理等業務委託契約約款第16条に関連条項があります）、あるいは契約内容として契約時に確認しておく必要があります。

※参照法令、契約約款など
・四会連合協定建築設計・監理等業務委託契約約款第16条、第16条の3（業務委託書の追加・変更）など

F．その他の紛争等の事例　　　事例68

民間確認検審機関による確認済証交付後の、特定行政庁からの是正指導で着工が遅れた事例

CASE 事例の概要

　　ある建築士事務所は、福祉施設の設計・監理業務を受託し、建築主の了解を得て、当該建築確認申請を民間確認検審機関に提出し確認済証を得ました。ところがその後、当該民間確認検査機関が当該地域の特定行政庁に報告した内容の中に、特定行政庁による是正指導の対象となる内容が含まれていたことが判明しました。それは当該建築士事務所の設計には、当該行政庁のある条例に該当していない機器が採用されているので、これを是正するようにという内容でした。これにより確認済証は無効となりました。

　　当該建築士事務所は、すでに当該民間確認検査機関と綿密に打ち合せをして、確認済証を得ています。その内容は建築主にも説明しており、是正によって工事費が大幅増額となるため、そうした指導には応じられないと主張して、当該民間確認検査機関との調整等に時間がかかり、結局着工時期が大幅に遅延しました。

トラブルの処理

　　この事例の場合には、特定行政庁の是正命令が適法か否かが問題になります。適法であれば、当該建築士事務所の契約上の責任が問題になりますが、もし違法であれば、特定行政庁の責任が問題になります。

　　特定行政庁の是正命令の適否そのものを争う場合、建築審査会に不服申立てすることができます。

　　また、建築基準法によれば、指定検査機関の確認済証は、特定行政庁の判断で無効となる（失効権の行使）ことがあり得ることを前提に審査業務を行っている点にも注意が必要です。

　　本事例では、特定行政庁の是正命令は適法であり、また紛争にはいたりませんでしたが、いずれにしても、建築士事務所は建築主にこうした事情を十分理解してもらうことが重要となります。

ポイント解説とトラブルの回避・解決

　　建築士は、当該地域の条例等をよく調べて設計を行うことが求められます。今は特定行政庁のwebサイト（ホームページ）上などで条文そのものが公開されている場合もあります。指定確認検査機関のみならず、特定行政庁にも同時に確認するなど、多角的な情報収集が手戻りのない適切な業務の進捗の鍵となります。

※参照法令、契約約款など
・建築基準法第6条の2（国土交通大臣等の指定を受けた者による確認）など

A B C D E F

F．その他の紛争等の事例　　　　　　　　　事例69

裁判所による確認済証の取り消し判断を受け、建築主が行政に損害賠償請求を行うとした事例

case 事例の概要

　　ある建築主（開発業者）は、路地状部分となる敷地に集合住宅を計画しました。建築基準法上の接道長は基準を満たしていましたが、同法43条第2項により条例が制定されて規制が強化されていました。そこで建築主（開発業者）は集合住宅ではなく、重層の長屋で建物を計画し、確認申請を行いました。路地状部分の幅員が協議の対象となりましたが、最終的に確認済証が発行され、工事が始まりました。
　　工事が始まると、周辺住民から行政に対し本件建物は集合住宅であり、長屋を偽装している、条例違反があるとの確認処分取り消しの訴えが起こりました。

トラブルの処理

　　行政の確認処分に対して、近隣住民が違法であるとの主張が認められ、建築主が工事中止に追いこまれた紛争事例です。厳密には建築基準法違反ではなく、条例違反ですが、微妙な解釈の判断に対しては、住民側が違法性を訴えて紛争になる場合があります。建築主は確認処分の取り消しによって、7割程度工事が進捗していた建物の解体をすることを決め、その費用について、行政に対して請求訴訟を起こすことを考えました。

ポイント解説とトラブルの回避・解決

　　建築基準法や条例などの集団規定で、あいまいな解釈で計画を進める場合、近隣住民からの反対にあうケースが増えています。また、工事が進んでいたとしても、本件のように確認処分の取り消しが決定される事例もあります。特に中高層建築物を計画する際は、紛争調整の条例などを活用して、工事着工後のトラブルを慎重に回避することが重要です。

※参照法令、契約約款など
・建築基準法第43条第2項など

F．その他の紛争等の事例　　　　　　　　　　　　事例70

無料の建築相談の回答者の言動によって損害を被ったとして、相談者が回答者の建築士に損害賠償請求をした事例

事例の概要

　　ある建築主は、自宅を新築しようと住宅メーカーA社に依頼して図面を作成してもらい、報酬も一部支払いましたが、屋根の勾配が緩く、雨漏りの心配がないかと考え、意見を聞こうと、その図面をある公的団体が主催する無料の建築相談会に持ち込みました。そこで担当の回答者（建築士）にその旨を相談したところ、当該建築士は、これでは全く雨漏りは防げない、住宅メーカーA社の建築には漏水例が多いなどと説明しました。また、その他様々な問題点を指摘され、不安になった相談者（当該建築主）は、結局信頼できる公的団体に所属しているからということで、回答者の建築士にあらためて設計を依頼し、報酬も支払いました。ところがその後、緩い勾配屋根を前提にした特別な技術を採用していることから住宅メーカーA社の同条件の建築に漏水の事実はなく、これを知った当該建築主は、当該建築士の虚偽の説明で不当な支出を強いられたとして当該建築士に損害賠償請求をしました。

トラブルの処理

　　回答者である建築士は、①住宅メーカーA社の屋根の緩勾配の設計内容を信頼出来ないと印象付ける説明を行った。②当該建築主（相談者）がすでに住宅メーカーA社に支払いをしていることを承知で、相談を通じて自らの再設計によるさらなる費用の支出や時間の増加等を相談者に対して誘導した。③結果的には専門家である相談員の立場を利用して、不適切、虚偽の説明で、自らの利益誘導のために相談者に損害を与えたと受け取られかねない不適切な言動をとっている。と判断されると、この事例のように相談者に対する不法行為責任が認められる可能性があります。

ポイント解説とトラブルの回避・解決

　　建築士が所属団体や行政機関などの主催する建築相談において、依頼されて相談員を務める機会はしばしばあると考えられます。そうした際に、少なくとも他者を貶めて、その結果として自らの利益を誘導したと誤解されるような言動を、専門家である相談員の立場で行うべきではありません。こうしたケースは無料相談であっても不法行為として損害賠償の請求の対象になる可能性があります。主催した公的団体側でも、不適切な相談回答などで結果的に団体の信用を毀損されることが無いように、主催者としてこうしたトラブルを回避するための十分な準備や注意が必要です。

※参照法令、契約約款など
・民法第709条（不法行為の要件）、第710条など

PART 3

建築士業務の保険適用事例

はじめに

　最近の建築に関するトラブルは、多様化し複雑化しています。これまでは、建築主と施工者との関係で工事の瑕疵が争われ、瑕疵修補と損害賠償請求などの紛争が中心でした。しかし、近年の社会・経済情勢の変化によって施工者に紛争処理の経済的余裕がなくなり、さらに、コンプライアンスの重視という観点から瑕疵の内容とその原因を深く追及するようになりつつあります。その結果、設計・監理を行った建築士も紛争の当事者として、紛争処理の場に登場せざるを得ないケースが増えつつあります。

　一方で構造計算書偽装事件を契機に新築住宅に関しては、2009年（平成21年）から「住宅瑕疵担保履行法」が施行され、これによって、新築住宅の住宅瑕疵担保責任保険又は供託の義務化が定められました。この保険制度によって、施工者は、雨水の浸入と構造躯体の瑕疵に関して、その修補の費用が確保され、一般消費者も工事瑕疵に関して一定の保護を受けることになりました。

　しかし、この保険は、あくまでも雨水の浸入と構造躯体の瑕疵に限定されているため、すべての紛争に有効というわけではありません。例えば、結露に関する問題、地盤に関する問題、内装・仕上げに関する問題、設備のトラブルなどは、この保険では対象外とされています。設計・監理業務の責任に関する問題は、この住宅瑕疵担保責任保険では十分保証されないということです。

　建築士が、その者の責任において行った設計監理業務のトラブルに関しては、その者がその責任において問題解決を目指さなければなりません。2006（平成18）年12月20日の建築士法の改正に伴い、法第24条の6（書類の閲覧）で、「設計等の業務に関し生じた損害を賠償するために必要な金額を担保するための保険契約の締結その他の措置を講じている場合にあっては、その内容を記載した書類」と新たに規定され、建築士事務所の賠償責任能力に関する情報開示が義務付けられました。

　また、公共工事においても、建築士賠償保険の加入を入札資格の要件とする自治体が増えております。今後、保険に加入していることが委託者から設計者として選ばれる条件の一つになりつつあります。この章においては、建築士の業務におけるトラブルからその身を守る建築士事務所の保険について述べます。

目　次

1. 建築士業務を守る保険制度……………………………………………98
   1-1. 保険制度の概要 …………………………………………………98
   1-2. 保険による補償の対象 …………………………………………99
   1-3. 保険金の支払い …………………………………………………99
2. 保険によるトラブル解決事例………………………………………… 102
   2-1. 地盤の事故例 …………………………………………………… 103
   2-2. 結露、漏水の事故例 …………………………………………… 104
   2-3. ひび割れ等の事故例 …………………………………………… 105
   2-4. 設備の事故例 …………………………………………………… 106
   2-5. その他の事故例 ………………………………………………… 107
3. 建築士賠償責任補償制度の課題……………………………………… 107
   3-1. 保険加入資格の対象 …………………………………………… 107
   3-2. 保険オプションの拡充 ………………………………………… 107
   ＜参考資料＞……………………………………………………… 110

1 建築士業務を守る保険制度

1．建築士業務を守る保険制度

　建築士事務所の保険制度は、1971（昭和46）年に現在の（公社）日本建築家協会が建築家賠償責任保険として初めて導入されました。その後、1983（昭和58）年に（一社）日本建築士事務所協会連合会が建築士事務所賠償責任保険、1998（平成10）年に（公社）日本建築士会連合会が建築士賠償責任保険を導入開始しました。これら三つの保険制度は、建築士事務所の設計業務に関する事故に対して補償をするという意味では共通ですが、補償の対象や保険金額などに関して3団体それぞれ異なっています。また、2010（平成22）年には（一社）日本建築構造技術者協会による会員を対象とした、構造設計業務に特化した構造設計賠償責任保険制度の運営も始まりました。

　この章ではこれらの保険制度の中で（公社）日本建築士会連合会の「建築士賠償責任保険」（以下、けんばい）を中心にその概要を述べていきます（一部アミかけ部分は、案内パンフレットより転載）。

1-1．保険制度の概要

　（公社）日本建築士会連合会の「けんばい」は、他の団体と同様に建築士会会員を対象とした団体保険制度です。他の団体では、会員以外の加入を認めているところもありますが、この「けんばい」は建築士会会員が所属する建築士事務所を対象とした団体保険です。現時点では、会員以外の「けんばい」への加入は出来ません。

■保険の概要

　被保険者又は業務の補助者による設計・監理業務又は法適合確認業務（以下、これらを総称して「設計・監理業務等」といいます）の遂行に起因して発生した次のいずれかの事由（以下、「事故」といいます）について、被保険者が法律上の損害賠償責任を負担することによって被る損害に対して保険金が支払われます。ただし、事故が保険期間中に日本国内において発見された場合に限ります。
① 設計・監理業務等の対象となった建築物の外形的かつ物理的な**滅失**又は**破損**
② ①に起因する他人の財物（①の建築物を除きます）の**損壊**
③ ①に起因する他人の身体の障害（法適合確認業務のみ）
④ 設計・監理業務に起因する他人の身体の障害
⑤ 設計・監理業務の対象となった建築物の給排水衛生設備、電気設備（電力設備、通信・情報設備）、空気調和設備又は遮音性能が所定の技術水準（＊）を満たさずに本来の機能を著しく発揮できない状態となったこと（建築設備機能担保特約条項）

＊⑤について設備自体の設計漏れについては補償の対象外となります。
（＊）所定の技術基準とは下記及びこれらに準ずる仕様書等に定められた基準をいいます。
　　給排水衛生・空調・電気設備：国土交通省大臣官房官庁営繕部監修の「建築設備設計基準」「公共建築工事標準仕様書（機械設備工事編）」遮音性能：建築基準法、住宅の品質確保の促進等に関する法律、一般社団法人日本建築学会編集の「建築物の遮音性能基準と設計指針」（遮音性能は住宅の品質確保の促進等に関する法律第2条

第1項に規定する住宅のみ対象)
○単に契約書の内容やデザイン、色、形状等の意匠上の問題、使い勝手、寸法違い、打ち合せ不足等上記事故に該当しないものは補償の対象となりません。

1-2. 保険による補償の対象

■補償の対象となる業務は日本国内における下記の業務が対象です。

① 設計業務…………建築物の建築工事実施のために必要な図面（施工図を除く）又は仕様書の作成業務
② 工事監理業務……建築士の資格を有する者による施工者に対する指示書・施工図承認書の作成業務
③ 法適合確認業務…構造設計一級建築士が行う構造設計に関する法適合確認業務又は設備設計一級建築士が行う設計設備に関する法適合確認業務

○「建築物」とは、建築基準法第2条第1号に規定する建築物でありその建築物に付属し物理的に一体をなしている工作物をいいます（電気・ガス・給排水・換気・冷暖房・昇降機等を含みます。ただし、造園・舗装工事や擁壁などの工作物は、原則として対象外になります）。
○「施工図」とは、設計図書を実際に施工に移す場合に作成される図面（工作図、施工計画図等施工の方法・手段・手順・技術・安全計画等を示した図面を除きます）。
○「指示書」とは、建築物が設計図書の設計意図通り実現するように施工者に対して設計図書の補足を行う図面又は文書。
○工事監理業務において、確認ミス（見落とし）や口頭でのアドバイスにより発生した損害は対象外となります。

・従業員の行った設計・監理業務等も対象になります。ただし、建築士の資格を持たない従業員が行った監理業務は対象になりません。
・特定の設計・監理業務等のみを対象とする契約は出来ません。この補償制度は、年間に行われるすべての設計・監理業務等を対象とする年間包括契約です。ある特定の設計・監理業務等だけを対象とする契約は出来ません。

1-3. 保険金の支払い

1事故につき支払われる保険金の額は、次の算式によって算出される額です。ただし、契約に適用される「1名支払限度額」及び「1事故支払限度額」が限度となります。

| お支払いする保険金 | = | ①法律上の損害賠償責任の額 | + | ②損害防止軽減費用
③緊急措置費用
④争訟費用 | − | 基本契約の自己負担額（免責金額） |

上記、①②③④の保険金のほか、⑤協力費用についても支払われます。

・支払われる保険金の種類

■被保険者が負担する次の賠償金又は費用に対して保険金が支払われます。

①法律上の損害賠償責任の額（以下「損害賠償金」といいます）

・身体障害（対人事故）：治療費、慰謝料、滅失利益等
・財物損壊（対物事故）：修理代等

※賠償責任の承認または賠償金額の決定に際しましては、あらかじめ引受保険会社の同意が必要です。
※施工図承認書の作成業務に起因する損害のうち、その業務の対象となった施工図の過誤に起因するものについては、法律の規定に基づき被保険者が被害者に対して行う賠償義務の弁済としての支出をいい、次の額を控除したものとします。

・被保険者が施工者に対し損害の賠償を請求することができる金額
・被保険者が弁済によって代位取得するものがある場合は、その価額

②損害防止軽減費用

事故発生の後、損害の発生又は拡大の防止及び他人から損害賠償を受ける求償権の保全もしくは行使のために引受保険会社の書面による同意を得て支出した必要又は有益な費用が支払われます。

※損害防止軽減費用とは、発生拡大が不可避の状況において、損害を防止軽減するために必要不可欠な有益費用をいいます。
（例）飲食店改装の設計ミスにより厨房の造作材にボヤが発生し、店舗の損害拡大を防ぐために使用した消火薬剤の充填費など。従って、今後発生するかも知れない同種の現象(事故)を予防するための工事費用や検査費用等を補償するものではありません。

③緊急措置費用

応急手当、護送、その他の緊急措置に要した費用、及び支出につき引受保険会社の書面による同意を得た費用が支払われます（結果として、損害賠償責任がないことが判明した場合でも支払われます）。

④争訟費用

被保険者が法律上の損害賠償責任の解決のために、引受保険会社の書面による同意を得て支出した訴訟費用、弁護士報酬、仲裁、和解もしくは調停に要した費用等が支払われます。

⑤協力費用

賠償責任保険普通保険約款第13条（1）の規定に基づき、引受保険会社が被保険者に代わって被害者による損害賠償請求解決に当たる場合において、被保険者が引受保険会社の求めに応じて協力するために支出した費用をいいます。

※1名支払限度額及び1事故支払限度額とは別に、実費が支払われます。

（注）引受保険会社が支払う保険金の額は、⑤の費用を除き、①から④までの金額の合算額が保険証券記載の自己負担額を超過する額とし、保険証券記載の支払限度額をもって限度とします。

（公社）日本建築士会連合会の「けんばい」では、支払限度額が下記の4種類のプランと、事務所開設3年以内の事務所を対象とした「プラン0：限度額1,000万円」の合わせて5つのプランが用意されています。

| プランⅠ：5,000万円 | プランⅡ：1億円 | プランⅢ：3億円 | プランⅣ：5億円 |

保険掛け金の基本的な考え方は、「支払限度額」から求められる係数と「設計監理業務の年間領収金」の二つの要素を基準に割増・割引を加味して保険料を求めるというものです。

■【掛金例】事故割増引なし、専攻建築士割引なし、Web割引なしの場合。

（単位：円）

年間領収金	プランⅠ	プランⅡ	プランⅢ	プランⅣ	プラン0
300万円	¥20,500	¥20,500	¥30,500	¥30,500	¥10,500
1,000万円	¥20,500	¥20,500	¥30,500	¥30,500	¥10,500
2,000万円	¥20,500	¥20,500	¥30,500	¥30,500	¥10,500
3,000万円	¥20,500	¥26,090	¥33,560	¥34,940	¥15,500

この掛金例は、2013年現在のもので割増・割引の無ない場合の例です。年間設計・監理業務の領収金額が2,000万円の事務所が1事故に付き支払限度額1億円の補償が得られるプランⅡを契約する場合、年間保険料は、20,500円ということになります。ちなみにプランⅡで年間領収金額が1億円の事務所では掛金が85,800円になります。

この掛金は、設計事務所経営者又は管理建築士が建築士会の専攻建築士（専攻領域：統括設計・構造設計・設備設計）に登録している場合、5％の割引が受けられます。また10年以上無事故の場合、5％の無事故割引が適用されます。しかし、実際に事故を起こし保険金の支払いを受けた場合には、事故割増として100％〜200％の割増率が保険料に加算されます。

保険金の支払いは、その保険を契約した時点と建物引き渡しの時期、事故が発生した時期が密接に関係していることも重要です。プランを変更した場合、建物引き渡しの時期での契約内容が適応されるため、継続時にプランを増額した場合、増額前に建物を引き渡しした建物が増額後に事故が発生しても支払限度額は、増額前の金額が適応されます。

一般的に、実際の事故では設計・監理責任と施工責任の両方が問われます。その場合、まず修補の金額を査定し、次にそれぞれの責任割合を査定し、その割合に基づいて設計事務所への支払金額が決められます。建物の修補費用の金額と責任割合は保険会社が、現地調査や書面の調査を慎重に行った上で査定をします。ただし、保険会社の調査のみでは査定が困難な場合は（公社）日本建築士会連合会に設けられている保険事故審査委員会が専門家の参加を求め審査を行うこととなっています。

2．保険によるトラブル解決事例

　（公社）日本建築士会連合会の「けんばい」のパンフレットでは、事故例の3例が例示されています。これはあくまでも実際の事故例をもとにした想定の例です。（公社）日本建築士会連合会の「けんばい」は、現在5,000を超える事務所が加入し、年によって変動がありますが、年間10～20件程度の事故を解決しています。その金額も年によって異なりますが、パンフレットの事故例で示されているように1件平均50～200万円の支払額で推移しています。

　設計あるいは監理のミスで建物が漏水を起こしたり、ひび割れを起こしたり、設備の設計ミスで性能の未達が生じるなどの様々なトラブルをこの保険制度の利用で解決してきました。

　これまで、設計者は、建築基準法とその関連法規に従って設計・監理を行ってきました。しかし、近年建築関連法規の幅が広がり、新たに「住宅品確法」、「改正建築士法」、「住宅瑕疵担保履行法」、「景観法」、「省エネ法」などが制定されました。設計基準もそれに伴って、多様化し、住宅瑕疵担保責任保険の設計施工基準、フラット35など融資関連の設計施工基準などを設計図書に反映させなければならなくなってきました。

　設計・監理業務もこれらへの対応が必要となり、その責任も複雑多様化しています。法令順守の社会的流れのなかで、設計者と施工者の責任範囲についても明確化が求められる傾向にあります。それだけ設計事務所がトラブルに巻き込まれる可能性が大きくなってきたといえます。

　現在、設計監理業務に伴う紛争を専門的に解決してくれるＡＤＲは、残念ながら存在しません。請負契約に係る施工者と発注者、元請と下請けの紛争は建設業法に定められた「建設工事紛争審査会」が全国の都道府県と国土交通省に設けられており、これが紛争解決のための「あっせん」「調停」「仲裁」を行っています。しかし、設計・工事監理業務に関する紛争を取り扱っている機関はありません。今のところ、設計・工事監理業務に関する紛争の解決は、裁判所での解決しか道がない状況です。

　このような社会状況の中で、設計者がその身を守るために、「けんばい」等の保険に加入することが重要であることは明らかです。この保険では、どのようなトラブルが補償されてきたのか、最近の「けんばい」の事故の実例をもとにその概要をイメージとしてまとめたものを次に示します。

○以下の表内の保険金支払ランクは、下記ランクで表記します。

A：100万円未満、B：200万円未満　C：300万円未満　D：300万円以上とします。

2-1. 地盤の事故例

①	建物構造規模	工場　鉄骨造2階建　延床面積1,400㎡	保険金支払ランク
	事故概要	【地盤(土間スラブ)沈下事故】 竣工引き渡し後しばらくしてから地盤沈下し始め、最大で100mm以上の沈下(圧密沈下)で24/1000を超える傾斜が発生。	D
	事故原因	建築地は、ボーリングデータによれば腐食土混じりのシルト層が分布しており、N値はいずれも0を示しており、地下水位も高い非常に軟弱な地盤であった。しかしながら、トラックヤードとして使用されていた場所であるため一定の地耐力があると安易に判断してしまい、また構造スラブを採用するためには多額の費用が必要となることや工程に余裕がなかったこともあり土間スラブの採用を決断してしまった。	過失割合 被保険者：元受設計：施工者 =70：30：0 ※地盤に係る事故であるため1/2に減額
	補修内容	樹脂注入工法により復旧。〔樹脂注入工法：特殊樹脂を土間スラブ下(空隙部分)に注入し、化学反応による樹脂の膨張力を利用して沈下を修正する工法。〕	
②	建物構造規模	S造　地上1階建　延床面積1,800㎡　店舗	保険金支払ランク
	事故概要	【地盤(土間スラブ)沈下事故】 竣工から2年経過後、「最近ショッピングカートが勝手に動き出すという現象が頻発するようになった」という報告を受け、調査したところ土間スラブ(売場床≒1,490㎡)のほぼ全域にわたって沈下(売場中央部に向かってすり鉢状の窪みが発生)していることが判明した。	D
	事故原因	深度1.5m付近にN値4(地耐力4t/㎡)前後の粘土層が存在していることから、ドラッグストア程度の床荷重であれば土間スラブを採用しても問題ないだろうとの判断をしたが、さらにその下層(深度2.5m～9.5m)に超軟弱層(特にN値ゼロの自沈層)が広く分布しており、本建物の床荷重により圧密沈下が発生し、その影響で土間スラブが不同沈下した。(最大79mm)	過失割合 被保険者：構造設計=70：30 ※地盤に係る事故であるため1/2に減額
	補修内容	ウレタン注入による沈下修正工事を実施した。この工法は、直径16mmの注入孔から特殊な硬質発泡ウレタンを土間スラブ下に注入し、その強力な膨張力を利用して、コンクリートスラブを持ち上げ沈下を修正する工法。 今回の復旧工事は、地耐力強化(地盤改良)を目的するものではなく、改良・改造工事に当たらないと判断。	
③	建物構造規模	一戸建て専用住宅　木造地上2階建　延床面積150㎡	保険金支払ランク
	事故概要	【不同沈下事故】 既存建物と増築建築物の接続部分に隙間や亀裂、段差が生じるというトラブル発生。	A
	事故原因	傾斜地という特殊な敷地であるにもかかわらず地盤調査を実施することなく、既存データ(既存建物の地盤調査報告書)に基づいて設計を進めてしまった。また既存データによると「地耐力不足の軟弱層が点在するバランスの悪い地盤性状で、基礎構造についてはべた基礎以上」と評価されていたにもかかわらず布基礎を採用してしまった。	過失割合 被保険者：構造設計=80：20 ※地盤に係る事故であるために1/2に減額
	補修内容	鋼管杭(3m×30本)を打設し、それを反力としたジャッキアップ工事を実施した。 鋼管杭材料費は改良・改造費に当たるとして対象外。	

　地盤の事故では設計者が十分な地盤調査を行わなかった、あるいは調査結果の検討不足から基礎の選定を誤ってしまったものが多いようです。地盤に係る事故の場合は、支払保険金が1／2に減額されます。

2-2. 結露、漏水の事故例

④	建物構造規模	RC造　地上3階建　延床面積130㎡　店舗併用住宅	保険金支払ランク
	事故概要	【床下への浸水】 建物1階のほぼ全体にわたり浸水が発生。黒カビの発生やフローリング材の膨張・反り・浮き上がりがいたるところで発生した。	C
	事故原因	建物1階部分は半地下構造を採用しているが、排水管の地中貫通部からの漏水を確認。配管スリーブ材としてつば付き鋼管スリーブを使用すべきところ塩ビ管を使用したことが原因となった。また、耐圧盤の上に直接下地を組み上げていく「ころがし床組工法」を採用したことも結果として被害を拡大する要因となった。	過失割合 設計：施工 ＝70：30
	補修内容	床材やその他の内装仕上げの取り換え工事を実施。防水工事費は改良・改造費に該当するとして対象外。	
⑤	建物構造規模	寄宿舎　鉄骨造1階建　延床面積720㎡	保険金支払ランク
	事故概要	【床下結露による腐食事故】 竣工引渡後しばらくしてから床下、個室、玄関ホール等の腰壁部分が変色。床下を確認すると間仕切壁や断熱材に大量のカビが発生。	D
	事故原因	土間コンクリート面に軽量鉄骨下地壁が建て込まれているため床下空間の冷気が室内に伝わりヒートブリッジ現象が発生し、室内の腰壁部分に大量の結露が発生。(冬型結露)また、床下の間仕切壁に喚起口がまったく設置されていないことにより冷気だまりが発生し、建物中央部で大量の結露が発生し(夏型結露)、カビ被害を生じさせる。	過失割合 設計：施工 ＝100：0
	補修内容	内装工事実施による復旧。 換気ガラリの新設、換気扇の新設、間仕切壁(床下と床上)の絶縁及び断熱工事は、結露の再発防止を目的とした改良・改造工事に相当するため対象外。	
⑥	建物構造規模	戸建住宅　鉄骨造3階建　延床面積115㎡	保険金支払ランク
	事故概要	【笠木周りからの漏水事故】 竣工引き渡しから半年ほど経過して建物各所で漏水を疑わせる複数の痕跡を発見。	B
	事故原因	外壁通気工法を採用していたにもかかわらずデザイン性を優先し笠木の高さを50mmで設計したため漏水を発生させた。当該建物は、傾斜壁を採用していることもあるため本来なら笠木の高さを100 mm以上確保するか、水返しを取り付けるなどの対策が必要であった。	過失割合 設計：施工 ＝8：20
	補修内容	漏水によって腐食変色した内装仕上材の復旧。	
⑦	建物構造規模	一戸建て専用住宅　丸太組構法　地上2階建　延床面積150㎡	保険金支払ランク
	事故概要	【小屋裏の結露による腐食】 ロフト及び吹き抜け(リビング＆キッチン)上部の小屋裏部分に発生した結露により野地板の一部が腐食してしまった。	A
	事故原因	本建物は屋根断熱方式を採用。これまで使用し続けてきたグラスウール断熱材の代わりに、今回は、参加した講習会で紹介された新製品(ウールブレス)を断熱材として選定したが、本計画地は寒冷地で、かつ防湿シートを設置しなかったこともあり、結露を防ぐまでの効果が出なかった。結果として通気層内に流入した湿気や暖気により小屋裏部分に結露が大量発生し野地板を腐食させた。	過失割合 設計：施工 ＝100：0
	補修内容	既存天丼仕上げ面の室内側に硬質ウレタンフォームの取り付け工事をした。	
⑧	建物構造規模	木造枠組壁工法　地上2階建　延床面積300㎡　飲食店	保険金支払ランク
	事故概要	【屋根及び外壁からの漏水事故(訴訟案件)】 平成17年1月に事故が発覚し、翌年に7000万円超の支払いを求める訴訟が提起され、平成22年に和解が成立。	D
	事故原因	Ⅰ：屋根からの漏水について本建物は寒冷地に建てられ、「すがもれ」により屋根から内に漏水。計画地の立地・気象条件からして、通常であれば、①より強固な防水層を形成②金属製の破風板を採用③屋根の断熱性能を上げる④屋根先端部に融雪ヒーターを設置する等の特段の設計上の配慮が必要であるが、これらの対策を一切講じていなかった。 Ⅱ：外壁足元からの漏水について高級感を出すために、化粧パネルを地盤面まで立ち下げたが、パネル先端部の小口が丸見えで、防水シートがパネル先端部からはみ出す納まりとなるよう図面において指示してしまっており、これが足元からの漏水の原因となった。	過失割合 設計：施工 ＝2/3：1/3 (調停案)
	補修内容	漏水によって腐食(カビの発生)した下地材等の全面張り替え工事を実施。屋根材の仕様変更に伴う工事は改良・改造工事費に該当するとして対象外。	

　材料の特性、正しい施工要領の理解不足、デザイン優先の無理な設計などが漏水・結露の事故を生む原因となっているようです。

2-3. ひび割れ等の事故例

⑨	建物構造規模	戸建住宅　木造2階建　延床面積175㎡	保険金支払ランク	C
	事故概要	【外壁のひび割れ事故】 竣工引き渡しから半年もしないうちに東西南北すべての外壁塗装面にひび割れが発生。		
	事故原因	施主からの外壁仕上がりの変更要望を受け入れるため、既に外壁のモルタル塗りも完了していたにもかかわらず、外壁仕様の変更(目地部の埋め戻し)を決断した。既に設置されていた目地を意匠性を優先して埋め戻し、さらに施工者の意見を反故にしてモルタルよりも強度が劣る薄塗り材として使用すべき充填材を指定。使用してしまった。	過失割合 設計：施工 =100：0	
	補修内容	ひび割れ発生部の補修と外壁の前面塗替え。		
⑩	建物構造規模	戸建住宅(別荘)　RC造一部木造2階建　延床面積160㎡	保険金支払ランク	A
	事故概要	【内装仕上材のひび割れ事故】 竣工引き渡し後まもなく吹き抜け空間部その他数ヶ所の内装仕上げ材に無数のひび割れが発生した。		
	事故原因	風圧力の影響を受けやすい傾斜地に立つ建築物で、高さ4.8mの大きな吹き抜け空間を有する居室があり、AEP塗装を採用していたにもかかわらず、石膏ボードを二重張りでなく一重張りの採用を決定してしまったため。	過失割合 設計：施工 =80：20	
	補修内容	ひび割れ防止対策として石膏ボードを二重張りにして再塗装を行った。		
⑪	建物構造規模	動物病院併用住宅　鉄骨造2階建　延床面積280㎡	保険金支払ランク	B
	事故概要	【し尿化浄化槽のひび割れ事故】 竣工引き渡しから数年後し尿化浄化槽(FRPパネル)のひび割れ事故が発生。		
	事故原因	浄化槽設置に関してメーカーからの施工要領書に基づく設計施工が行われていなかったこと、及び、浄化槽を極めて不適切な場所に設置してしまったことによる。浄化槽が埋設されている前面道路側は高低差3～4mの法面があり、切土と盛土に跨ってしまう不安定な地盤であった。	過失割合 設計：施工 =70：30 ※地盤に係る事故であるため1/2に減額	
	補修内容	既存浄化槽の横に新たなピット槽を設置し浄化槽を取り替えた。(ただし、新設したピット槽は、改良・改造費用に当たるため対象外)		
⑫	建物構造規模	一戸建て専用住宅　木造地上2階建　延床面積200㎡	保険金支払ランク	A
	事故概要	【大梁のたわみに起因する建具変形事故】 リビングダイニングの両サイドに大型木製サッシによる大開口部を設けていたが、木製サッシにたわみが発生し建具の開閉ができなくなってしまった。		
	事故原因	開口幅が大きかったため、慎重に検討していたが構造耐力上の安全性を意識しすぎてしまい、たわみによる影響を考慮するのを忘れて設計してしまった。	過失割合 被保険者：構造設計=70：30	
	補修内容	木枠が損傷していたため全面的に張り替えた。木枠の中間部分に新たに補強用の各パイプを設置。 改良。改造工事に相当する部分は除外。		
⑬	建物構造規模	一戸建て専用住宅　木造地上2階建　延床面積120㎡	保険金支払ランク	A
	事故概要	【外壁羽目板(パイン材)の変形事故】 建物の東側の壁面の羽目板の膨れや反りなどの部材の変形が発生し、羽目板が下地材から剥がれてしまった。		
	事故原因	今回選定した外壁材としてパイン材が屋外に不向きなことはある程度認識していたが、コスト上の制約があったことや、以前部分的に使用した物件での経過が良好だったため、屋外でも使えるのではないかと安易に判断してしまった。また、平頭スクリュー釘ではなく釘頭のないフィニッシュネイルで固定したことも被害拡大につながってしまった。	過失割合 設計：施工 =100：0	
	補修内容	当該壁面の既存パイン材を全面的に撤去し、国産杉を使用した羽目板と交換した。パイン材と国産杉の差額はグレードアップ費用と判断され保険金支払対象外。		

　一定の事故の可能性を認識しつつも、この程度は大丈夫だろうという安易な思い込みが、結果として事故を招いているようです。ひび割れの可能性が少しでもある場合は、それに対する検討と対策が必要であることを認識しなければいけません。

2-4. 設備の事故例

⑭	建物構造規模	ホテル　鉄骨造2階建　延床面積700㎡	保険金支払ランク
	事故概要	【給湯配管の腐食事故】 竣工引き渡しから半年後、漏水事故が発生。そのうち終息するだろうと楽観的に推測し応急処置を重ねてきたが、その後も複数ヶ所で漏水が頻発した。	D
	事故原因	給湯・給水設備に井水を利用。塩化イオンが基準値の4.5倍も含有しておりステンレス鋼管を腐食させた。当初、外注先の設備設計事務所は、耐熱塩ビライニング鋼管を選定していたが、その後施主からより耐久性の高い材料を使用して欲しいとの依頼があり、設備工事業者がステンレス鋼管への変更を提案し、被保険者が設備設計事務所に確認をせずにこれを承認した。	過失割合 設計：施工 =50：50
	補修内容	給湯配管の送り側のみを設計当初の仕様の耐熱塩ビライニング鋼管に変更。	
⑮	建物構造規模	診療所　RC造4階建　延床面積1,400㎡	保険金支払ランク
	事故概要	【空調設備機能不発揮事故】 設定温度を最大にしても13℃～16℃にしか室温が上昇せず、冬季を乗り切ることができないとの指摘を受けた。	C
	事故原因	①空調対象面積の設定の誤り ②屋根や床面から受ける屋外負荷を内部負荷として誤って計算(本来20℃前後とすべき室間温度差を6℃に設定) ③機器の経年劣化係数や能力補償係数、冷媒配管長による補正係数なども考慮されていなかった。	過失割合 設計：施工 =100：0
	補修内容	霜取り運転の頻発を解消するために室外ユニットを奥まった場所から開口部に面した場所に移設。不足していた空調能力を補うために室外機を1台(22.4kw)と室内機3台を増設。(ただし、増設した機器製品代は、改良・改造工事に相当するとして対象外)	
⑯	建物構造規模	保育所　RC造2階建　延床面積700㎡	保険金支払ランク
	事故概要	【空調設備機能不発揮事故】 保育所の1階調理室と2階の多目的室において夏場の暑さに対して冷房能力が著しく不足(厨房は30℃～35℃、他目的室は30℃前後で推移。本来必要とされていた冷房能力の1/4程度)	B
	事故原因	外注先(設備設計者)の意見を聞かず、経済設計(既存設置の空調機を基本線として検討)を重視し、ガス機器使用率を何の根拠もなく30％前後に見積り、本来は建設予算見積もりのために用いる空調対象床面積と統計データに基づく室用途別単位負荷から必要空調能力を算出したもので設計をしてしまった。	過失割合 設計：施工 =100：0
	補修内容	空調能力を補う為、既存の厨房の空調機を多目的室に移設し、新たに2台の空調機を厨房に新設(新設空調機2台は改良改造費用に当たるため対象外)。	
⑰	建物構造規模	共同住宅　壁式RC造3階建　延床面積400㎡	保険金支払ランク
	事故概要	【排水設備機能不発揮事故】 竣工から約2ヶ月後の集中豪雨の際に1階半地下住戸の浸水事故が発生。下水本管が満水になると建物各所において排水口から汚水混じりの雨水が逆流してしまう。	C
	事故原因	当該建物には半地下部分があり、前面道路からの宅内への雨水流入対策だけでなく、宅内排水がなんらかの事情によって排出できなくなったときのために住戸内に逆流・浸入するのを防ぐための対策が不十分であった。	過失割合 設計：施工 =100：0
	補修内容	雨水配管と汚水配管を公桝直前まで別系統に分離し、そのうえでエントランスの雨水桝に排水ポンプを設置して強制的に一段高くなったアプローチの雨水桝に送り込むように工事した。(ただし新設した排水ポンプ等は、改良・改造工事費に当たるとして対象外)	
⑱	建物構造規模	診療所　木造地上2階建　延床面積330㎡	保険金支払ランク
	事故概要	【照明設備の機能不発揮事故】 診療ブース内の照度が不足していたため仕事に支障が出るほど暗すぎる状態となってしまった。	A
	事故原因	指向性の高い照明器具を選定したために室内の照度にばらつきが生じたことやアクリルカバー付きの照明器具を選定したために照度が不足した。」IS照度基準(病院)における診療処置室の推奨照度は300～750Lxであるものの、実際には診療ブース内の約70％の範囲にわたって照度基準を満たしていなかった。	過失割合 設計：施工 =100：0
	補修内容	下面開放型のベース照明器具と交換したうえで補助照明器具を追加した。 なお、交換及び増設に伴う改良・改造工事費に相当する部分を除外。	

　設備関係の事故は性能未達など、客観的に評価出来てしまいます。設計者は設備設計者に任せるだけでなく、本人がしっかりと設備設計を点検理解しなければなりません。また、設計中、工事中の設計変更の際、設備設計への影響も考慮するべきでしょう。

2-5. その他の事故例

⑲	建物構造規模	RC造地上6階建　特別養護老人ホーム　延床面積8,000㎡	保険金支払ランク
	事故概要	【内装材(腰壁)の滅失・破損事故】 3～4階の腰壁パネル(表面仕上げ材)が各所で剥離するというトラブルが頻発。	C
	事故原因	本来、腰壁材として不燃壁装材 t=6.0を使用する予定だったが、指示書に品番を記入する際に書き間違ってしまい、仕上げ材A(天井仕上げ材)を指示してしまっていた。	過失割合 設計：施工 ＝80：20
	補修内容	仕上げ材Aの表面仕上げ材を剥離し不燃メラミン化粧版を増し張りした。耐久性向上のために見切りを新たに設置したが改良改造工事に当たるとして対象外。	

　設計図書への記載ミスは重大な事故につながります。確認申請の審査対象外である事項について、記載内容に注意を怠る例は少なくありません。特に新製品の場合にはカタログデータなど、注意深く詳細に検討する必要があります。

3. 建築士賠償責任補償制度の課題

3-1. 保険加入資格の対象

　瑕疵担保履行法の施行により、住宅瑕疵担保責任保険の運営が始まり、住宅供給者は新築住宅に関し、雨水浸入と構造躯体の瑕疵については、その修補の資金が保険で担保されるようになりました。ひいては、一般消費者も施工の瑕疵から守られるようになりました。このような時代の潮流のなかで、建築士の業務だけが事故に対して無防備のままで良いわけがありません。

　現在、建築士がその業務をトラブルから守るためには、(公社)日本建築士会連合会、(一社)日本建築士事務所協会連合会、(公社)日本建築家協会、(一社)日本建築構造技術者協会のいずれかの団体に所属し、いずれかの団体の建築士賠償責任補償制度に加入することが望ましいでしょう。

3-2. 保険オプションの拡充

　「けんばい」の発足以来、この制度は、改定を重ね保険金の算定方法や専攻建築士に対する割引制度など改善がなされてきました。現在の「けんばい」では、補償の対象が滅失・破損のある事故とされています。(公社)日本建築士会連合会では、この制約を超えて更なる改善をめざし、建築物の「滅失・破損」がなくても補償される「法令基準未達の損害賠償責任の補償」と「構造基準未達時の損害賠償責任の補償」を平成26年度から導入します。

　(公社)日本建築士会連合会の新たな「けんばい」は従来通り基本の保証に関しては変わりませんが、基本補償に「法令基準未達の損害賠償責任の補償」が加わり標準セットプランとなります。

従来の「けんばい」のみの加入も可能ですが滅失・破損の伴わない事故に対する備えとして標準セットプランへの加入を推奨しています。更にオプションとして「構造基準未達の損害賠償補償」も追加することが可能となりました。補償の詳細に関しては下記サイトを参照してください。
（公社）日本建築士会連合会ホームページ（http://www.aic-agt.co.jp/kenchikushikai/）
・「けんばい」の改定イメージ

設計・監理業務に起因する賠償責任	滅失・破損有り	滅失・破損を伴う業務上の賠償補償	従来のけんばい	平成26年度からの「けんばい」標準セットプラン
	滅失・破損無し	設備機能性能の未達補償		
		法令基準未達の補償		
		構造基準未達の補償		オプション

1. 法令基準未達の損害賠償責任の補償

　設計等の業務ミスで、建築基準関連法令（関連19法令）に規定する基準を満たさないために法律上の賠償責任を負担することによって被る損害を補償するオプションです。

　「けんばい」標準セットプランに加入することで、このオプションの補償を受けることができます。保険料の算定は（公社）日本建築士会連合会ホームページの「けんばい」コーナーで計算します。

支払限度額（1事故／期間中）	3,000万円
自己負担額	30万円
縮小支払割合	80%
対象法令	19法令（別表に規定）

◎　平成26年度から始まる制度のため具体的な事故例はありませんが、想定される事故例としては下記のような法令未達で損害賠償責任が生じたものが考えられます。
- 戸建住宅の設計において第一種低層住居専用地域の外壁後退距離制限を見落としてしまった。（建築基準法）
- 敷地面積を間違えてしまい容積率をオーバーしてしまった。（建築基準法）
- 北側斜線規制（建築基準法）や高度地区（都市計画法）に関する規定に抵触して住宅を設計してしまった。

◎　ただし、下記のような法令未達でない場合は補償の対象とはなりません。
- 特約に規定された法令の基準は満たしている場合や、建築確認申請が不要な建築物に関する設計ミス等は、お支払いの対象とはなりません。
- 駐車場の設計にあたり、車両の高さと前面道路からの勾配を考慮しなかったため、建築主の車両が駐車場に入らないことが判明。手直しをするよう指摘を受けた。
- 建物引き渡し後、建築主からガラスの仕様が違うとの申し出があり、曇りガラスと透明ガ

ラスに換えてほしいとの要望があった。
- 福祉施設において、設計ミスにより老人福祉法で定められた基準面積が足りず、改修工事が発生した。（下記、別表に規定する以外の法令は対象外）

別表（建築基準関連法令）

> 建築基準法（第20条に関するものは除きます。）、消防法、屋外広告物法、港湾法、高圧ガス保安法、ガス事業法、駐車場法、水道法、下水道法、宅地造成等規制法、流通業務市街地の整備に関する法律、液化天然ガスの保安の確保及び取引の適正化に関する法律、都市計画法、特定空港周辺航空機騒音対策特別措置法、自転車の安全利用の促進及び自転車等の駐車対策の総合的推進に関する法律、浄化槽法、特定都市河川浸水被害対策法、高齢者・障害者等の移動等の円滑化の促進に関する法律（バリアフリー法）、都市緑地法

2．構造基準未達時の損害賠償責任の補償

構造設計等の業務ミスで、建築基準法20条に規定する「1／2／3号建築物」について、建築基準法20条に規定する構造基準を満たさないために法律上の賠償責任を負担することによって被る損害を補償するオプションです。（4号建物は対象外）

別途追加の保険料を払うことで、このオプションの補償を受けることができます。

	プランA	プランB
支払限度額（1事故／期間中）	5,000万円	1億円
自己負担額	500万円	
縮小支払割合	80%	

この「構造基準未達補償」はオプションです。加入する場合は、希望する支払限度額に応じてプランAかプランBを選択することができます。

保険料の算定は（公社）日本建築士会連合会ホームページの「けんばい」コーナーで計算します。

◎ 平成26年度から始まる制度のため具体的な事故例はありませんが、想定される事故例としては次のようなものが考えられます。
- 構造計算のミスにより12本の鉄筋が必要であったところ、鉄筋を7本しか入れず強度不足が発生し、補修工事が必要となった（不足の鉄筋5本分の費用については、適切な設計をしていた場合でも必要となる費用であり、設計事務所が負担する法律上の損害賠償責任とはしない）。
- 着工後、第三者検査によりコンクリートの強度不足が判明、工事のやり直しが必要となった。

◎ ただし、想定される事故の内、下記のような場合は補償の対象にはなりません。
- 建築基準法第20条の基準を満たしている場合や、地震によって生じた事故については、お

支払いの対象となりません。
- 建築主より、建築基準法第20条に規定する構造基準を上回る基準値による設計を求められたが、それを満たさない構造設計をしてしまった。
- 地震で建物が損壊したため検証したところ、構造設計基準を満たしていないことが判明した。

今回の補償制度の改定により、滅失・破損を伴わない事故に対して補償の幅が広がり、建築士の業務の安定化に役立つものと考えられます。

＜参考資料＞

●建築士賠償責任補償制度（けんばい）
　　　公益社団法人　日本建築士会連合会　　　　　　　TEL 03-3456-3273
　　　ホームページ：http://www.aic-agt.co.jp/kenchikushikai/kenbai.html

●建築士事務所賠償責任保険（建築家賠償責任保険）
　　　一般社団法人　日本建築士事務所協会連合会　　　TEL 03-3552-1281
　　　ホームページ：http://www.njr.or.jp/insurance/

●建築家賠償責任保険「ケンバイ」（建築家特約条項付帯賠償責任保険）
　　　公益社団法人　日本建築家協会　　　　　　　　　TEL 03-3408-7125
　　　ホームページ：https://hoken-platform.jp/kenbai/

●ＪＳＣＡ構造設計賠償責任保険
　　　一般社団法人　日本建築構造技術者協会　　　　　TEL 03-3262-8498
　　　ホームページ：http://www.jsca.or.jp/vol3/33insurance/index.php

PART 4
建築士の処分事例

PART 4 建築士の処分事例

はじめに

　平成17年の構造計算書偽装事件の後に行われた建築基準法及び建築士法の改正では、建築士の業務に対し違反する行為についての処分の一層の厳罰化が図られました。

　建築士が建築に関する法令等に違反したとき、又は業務に関して不誠実な行為をしたときは、国土交通大臣又は都道府県知事により、免許取消しや業務停止等の懲戒処分が行われます。建築士が業務の上で法令などに違反した場合、建築士は、建築士法第10条に基づき、その免許の停止や取り消しなどの処分を受け、さらに建築士法第38条以下の条項により懲役や罰金等の罰則が適用される場合もあります。一級建築士の懲戒処分は、姉歯事件後の建築士法等の改正に伴い、平成20年11月に改正された、「一級建築士の懲戒処分の基準[*1]」に基づいて行われています。また、平成19年6月施行の建築士法改正に基づき罰則[*2]が大幅に強化されています。

　これらの処分は建築確認審査や検査時に担当機関により指摘される、あるいは建築に関心の高い一般市民の方たちの指摘により問題として提起されるものです。構造計算書偽装事件後の平成18・19年度の処分数の増加は、建築士の違法行為に起因する信頼感の低下にも起因すると思われます。

　処分の対象となっているものは、業務の時間と手間を抑えて業務経費を抑えるため、あるいは発注者の意図を受けて工事費全体を抑えるために、故意に行われる違法行為と考えられます。技術不足や不注意で生じるものではなく、建築士という職能への信頼を悪用した犯罪行為といえます。

　ここでは、姉歯事件の影響が多く出た平成18年度から平成24年度まで最近7年間にわたって、国土交通省が発表した一級建築士の処分事例に基づいて、これからの建築士が気をつけなければならないと思われる、処分事由と処分の傾向について紹介します。公開されている処分情報には、業務の詳しい記述はありませんが、建築士が普段から気を付けねばならないことと間違った場合の処分の程度は、十分に示唆されるものと考えられます。

　なお、二級建築士、木造建築士については所管する都道府県が行い、それぞれ発表されていますが、全体を正確にまとめることは難しいため、ここでは、一級建築士の最新の事例を対象としました。

　またこれらの処分は、都道府県がそれを受けて行う建築士事務所の業務停止などの処分のもととなること、業務上の瑕疵を根拠に損害賠償などを求められる建築紛争でも大きな影響をおよぼすことからも、十分に考慮する必要があるものといえます。

　　*1：平成20年11月14日制定「一級建築士の懲戒処分の基準」　国土交通省　資料－1（140頁）
　　*2：罰則強化について（主な罰則の引き上げについて）　国土交通省　建築基準法の見直しに関する検
　　　　討会資料より　資料－2（144頁）

目　次

1．建築士の処分とは

- 1－1．行政処分と行政罰 …………… 114
  - 1）行政処分 ……………………… 114
  - 2）罰則 …………………………… 114
- 1－2．懲戒処分基準による処分 …… 115
  - 1）処分ランクによる処分内容の決定 … 115
  - 2）「複数の懲戒事由に該当する場合」のランクの決め方 ……………… 115
  - 3）「過去に処分等を受けている場合」のランクの決め方 ……………… 115

2．懲戒処分の内容とその傾向

- 2－1．最近の建築士の処分事例 …… 116
- 2－2．最近の処分事例の傾向 ……… 116
- 2－3．役割・立場別に注意すべき処分の傾向 … 117
  - 1）設計・工事監理業務を行う建築士として … 118
  - 2）建築士事務所の管理建築士として … 119
  - 3）建築士事務所の開設者として …… 119
  - 4）定期講習を受講しないまま建築士事務所で業務を行う建築士の問題… 119
  - 5）その他の建築士に関して ………… 119

3．処分事例の処分事由の傾向とその注意点

- 3－1．建築士の業務に係る文書偽造、行使等による処分事例 …………… 120
  - A．虚偽の確認申請に係る処分 …… 120
  - B．確認済証、確認申請なしの工事着工、工事容認に係る処分 …………… 121
  - C．確認済証の偽造、行使に係る処分 … 122
  - D．検査済証の偽造、行使に係る処分 … 123
  - E．完成後の違法化に係る処分 …… 123
  - F．建築士詐称、虚偽経歴に係る処分 … 124
  - G．各種評価書、証明書、報告書等の虚偽作成に係る処分 ……………… 124
- 3－2．建築士の業務内容に係る法令違反による処分事例 ……………… 125
  - 1）法令違反の設計（構造）に係る処分 … 126
    - A．一般建築物の構造設計に係るもの … 126
    - B．戸建住宅の構造設計に係るもの … 127
    - C．再委託先の構造設計に係るもの … 128
  - 2）法令違反の設計（構造以外）に係る処分 ……………………………… 129
    - D．道路との関係に係る違反 ……… 129
    - E．用途地域に係る違反 …………… 129
    - F．建ぺい率、容積率、高さ制限に係る違反 ……………………………… 129
    - G．施行条例に係る違反 …………… 130
    - H．防火に係る違反 ………………… 130
    - I．廊下幅員等に係る違反 ………… 130
    - J．都市計画法に係る違反 ………… 131
    - K．エレベータの床鋼材に係る違反 … 131
  - 3）工事監理業務における法令違反 … 131
    - L．工事監理不十分 ………………… 131
    - M．工事監理報告書の提出不履行 … 132
- 3－3．建築士事務所の業務に係る法令違反 … 133
  - 1）建築士事務所の登録及び書類の整備等の不備 ……………………… 133
    - A．事務所登録期間満了後の無登録事務所の業務 ……………………… 133
    - B．建築士事務所の実績書類等の備え置き、説明書面作成交付、説明の懈怠 … 134
  - 2）建築士事務所の管理等の不備 …… 135
    - C．管理建築士の技術総括、管理不十分 … 135
    - D．建築士事務所の開設者の管理不十分（管理建築士講習の不受講） … 136
  - 3）業務を行う建築士の名義貸し、名義の無断借用 ……………………… 136
    - E．名義貸し ………………………… 136
    - F．他建築士の名義の無断借用 …… 137
  - 4）業務を行う建築士の定期講習の不受講 … 137
    - G．定期講習の不受講 ……………… 137
- 3－4．建築士と建築士事務所等の業務に重複して係る法令違反 ……… 138
  - H．その他重複して係る法令違反 … 138
- 3－5．その他（禁錮以上の刑） ……… 139
  - I．その他禁錮以上の刑に係るもの … 139

資料－1　一級建築士の懲戒処分の基準 …… 140

資料－2　改正建築基準法・建築士法（平成19年6月20日施行）による罰則強化について … 144

1　建築士の処分とは

　建築士法に基づく行政処分としては、建築士法第9条（免許の取消し）、第13条の2（合格の取消しなど）、第10条（懲戒）、第26条（監督処分）があり、建築士に対しては戒告、業務の停止又は免許の取り消しが、建築士事務所の開設者に対しては戒告、建築士事務所の閉鎖または登録の取り消しがあります。これらの処分は、資格の免許権者である国土交通大臣及び都道府県知事、建築士事務所の登録権者である都道府県知事が行います。
　また、建築士法に基づく行政罰としては、第38条から第44条までの第10章に規定されている罰則（違反者に対する懲役、罰金又は科料）があります。

1-1. 行政処分と行政罰

1）行政処分

　建築士の行政処分は、国交省で定めた基準に基づいて行われます。その根拠となる基準を、「資料-1　一級建築士の懲戒処分の基準」に示します。
　建築士が処分された場合、処分を受けた建築士の氏名、登録番号、処分内容、処分理由等が公告されます（建築士法第10条第5項、同法施行規則第6条の3）。また、建築士名簿は一般の閲覧に供されます。名簿には、処分内容・処分年月日及び登録抹消の事由。抹消年月日を記載することになっています（建築士法施行規則第3条、第7条）。
　免許の取消し処分を受けた建築士は、絶対的欠格事由として5年間（平成18年の建築士法改正前は2年間）再免許が認められないこととする見直しが行われました。
　また、建築士の業務停止処分及び免許の取消し処分に際しては、聴聞が行われ（建築士法第10条第2項）、建築審査会（一級建築士については中央建築士審査会、二級・木造建築士の処分については都道府県建築士審査会）の同意を得る必要があります（建築士法第10条第4項）。
　なお、行政処分を不服とする者は、行政不服審査法による審査請求等を提訴することができます。

2）罰則

　建築士法の罰則は、「資料-2　改正建築基準法・建築士法による罰則強化について」に示すように、最も重いもので1年以下の懲役又は100万円以下の罰金となっています（建築士法第38条など）。また、建築基準法では、3年以下の懲役又は300万円以下の罰金となっています（建築基準法第98条）。

1−2．懲戒処分基準による処分

1）処分ランクによる処分内容の決定

懲戒処分は違法行為などの懲戒事由の内容により、「資料−1　表1　ランク表」により、処分のランクを設定し、行為の個別事情及び過去の処分による加減を「資料1　表2　個別事情による加減表」及び「資料−1　表4　過去に処分等を受けている場合の取扱表」により行い、処分ランクを設定します。そして、そのランクに基づき、「資料−1　表3　処分区分表」により、処分などの内容が定められるようになっています。

2）「複数の懲戒事由に該当する場合」のランクの決め方

ⅰ）単一の行為で複数の懲戒事由に該当する場合

最も重い懲戒事由のランクに基づき処分等のランクは決定されるので、そのランクが16なら「免許取消し」です。ちなみに複数の懲戒事由のランクを加算して、16になるからといって「免許取消し」ではありません。

例えば、「無断設計変更」を行い、当該設計変更箇所が「違反設計」になっている場合には、単一の行為が複数の懲戒事由に該当します。この場合には、「違反設計」により処分を行うこととなり、「無断設計変更」は加重されません。

ⅱ）複数の行為について併せて処分等を行う場合

最も重い懲戒事由のランクに加重して処分等のランクは決定されます。

例えば、単一物件に関して、設計者としての「違反設計」と工事監理者としての「工事監理不十分」のように複数の立場では、複数の行為となります。

また、複数物件に関して「違反設計」を行えば、複数の行為となります。

3）「過去に処分等を受けている場合」のランクの決め方

ⅰ）過去の処分等の懲戒事由が今回とは異なる場合

今回相当とされる処分のランクに、「過去に処分等を受けている場合の取扱表」の区分に従ってランクを加重したうえで、決定されます。

ちなみに、過去の処分ランクがそのまま累積して、新たな懲戒事由のランクに加算されるわけではありません。

ⅱ）過去の処分等の懲戒事由が今回の懲戒と同じ場合

この場合は、加重ランクがさらに重くなります。

ちなみに、過去の懲戒事由がランク6以上に該当し、今回も6以上に該当する場合は、「免許取消し」になります。

2 懲戒処分の内容とその傾向

> 建築士が心がけねばならないこと、やってはいけないことについて、過去の処分事例から学ぶことが大切です。
> ここでは最近の処分事例の全体像とその傾向について、処分事由に基づき分類するとともに、それらの業務を行う建築士の立場、役割ごとに取りまとめて注意すべきことを記述します。なお、「はじめに」でお断わりしましたように、対象とする建築士の処分は、国土交通省が所管し、データが一元化されている一級建築士としています。

2－1．最近の建築士の処分事例

建築士の処分について国土交通省は、中央建築士審査会の同意を経て、随時発表しています。最近の平成18年度から平成25年度までに発表された処分事例件数は表2－1に示す通りです。7年間の処分の発表は、28回にわたり、その事例数は、合計で349件となっています。

表2－1　最近の建築士処分件数（単位：回数と発表日付）

	第1回		第2回		第3回		第4回		第5回		合計
平成25年度（2013年度）	31	9月17日	11	11月29日	6	12月13日					48
平成24年度（2012年度）	6	6月25日	19	9月6日	40	12月25日					65
平成23年度（2011年度）	6	5月26日	12	9月6日	8	12月6日	4	3月30日			30
平成22年度（2010年度）	7	9月6日	7	12月13日							14
平成21年度（2009年度）	5	4月14日	2	6月23日	2	8月24日	6	12月14日	21	3月29日	36
平成20年度（2008年度）	1	7月7日	5	9月11日	18	12月16日					24
平成19年度（2007年度）	40	6月19日	2	9月10日	19	12月18日	12	3月18日			73
平成18年度（2006年度）	12	4月25日	17	9月1日	20	12月11日	10	3月14日			59
平成18～25年度合計	28回にわたる発表										349

年度平均では、約40件程度となっており、年間50万件に及ぶ確認申請件数に比べ、極めて少ないものと感じられます。しかし、これらの処分は、確認、検査などを行う関係機関や関心の高い一般市民の指摘などにより、問題化したものが対象となっているもので、その背景には、もっと多くの違反事例が隠れているのではないかとも考えられます。

処分を受けることが無いよう、建築士として行ってはならないこと、業務として注意すべき進め方などを、厳しい処分事例の傾向から、具体的に学ばなければならないと考えます。

2－2．最近の処分事例の傾向

処分事例の傾向を今後の参考とするために、各事例の違反事実を傾向分類ごとに取りまとめました。表2－2左側に処分対象内容の傾向分類を大項目、及び小項目に示します。次節「処分事例の処分事由の傾向と注意点」では、この分類に従って記述します。

表2－2　最近の建築士処分事例の傾向

処分対象内容の傾向分類		H25年度(2013)	H24年度(2012)	H23年度(2011)	H22年度(2010)	H21年度(2009)	H20年度(2008)	H19年度(2007)	H18年度(2006)	合計
1. 建築士の業務に係る文書偽造、行使等	A. 虚偽の確認申請		1			19	1	1	2	24
	B. 確認申請、確認済証なしの工事着工、工事容認	2	3	2	1	2	1			11
	C. 確認済証の偽造・行使		2	1	1	3	2	2	4	15
	D. 検査済証の偽造・行使		1	1					1	3
	E. 完成後の違法化								2	2
	F. 建築士詐称、虚偽経歴		1							1
	G. 各種評価書、証明書、報告書等の虚偽作成等		1	3	1				2	7
	合計	2	9	7	3	24	4	3	11	63
2. 建築士の業務内容に係る法令違反	A. 一般建築物構造設計	2	11	2	2		5	13	20	55
	B. 戸建住宅構造設計	2		4	4	5	6	37	8	66
	C. 再委託先の構造設計						2	2	1	5
	D～K. 法令違反の設計（構造以外）	19	11	9		2	1	6	3	51
	L. M. 工事監理業務の不備	1	1	3	1	1	3	4	6	20
	合計	24	23	18	7	8	17	62	38	197
3. 建築士事務所の業務遂行に係る法令違反	A. 無登録事務所の業務	8	4	2		4		3		21
	B. 実績書類等据え置き等の不備		2							2
	C. 管理建築士の技術総括、管理不十分		3	1			1	3	2	10
	D. 開設者の管理不十分（管理建築士講習不受講）		19							19
	E. F. 業務を行う建築士の名義貸し、名義の無断借用	1	2		1		1	1	5	11
	G. 業務を行う建築士の定期講習不受講	11								11
	合計	20	30	3	1	4	2	7	7	74
4. 複合の違法行為	H. 違法設計、事務所書類の不備、書面説明と交付の不備、工事監理不十分等の重複	2	2	2	3					9
5. その他	I. 禁錮以上の刑		1				1	1	3	6
	総計	48	65	30	14	36	24	73	59	349

注：1．処分対象の傾向分類の大分類番号、小分類の英文字は、「3．処分事例の処分事由の傾向とその注意点」の記述項目参照
　　2．平成21年度の「A．虚偽の確認申請」の19件のうち、18件はＰ社の不適切な確認申請書作成、行使事例

2－3．役割・立場別に注意すべき処分の傾向

　初版「建築士業務の責任と処分」では、建築士それぞれの立場で日常の業務の参考となるよう、処分事例を建築士の役割・立場に対応させて分類し、紹介しました。
　本書でも、建築士の役割や立場ごとの問題点の概観を行い、事例の傾向の読み取りに役立てていただきたいと考えます。
　多くの建築士が取り組む設計及び工事監理の業務に係るもの、小規模な建築士事務所で、その

業務にあたらざる得ない管理建築士としての業務、さらに、個人事務所等では兼ねることが多い建築士事務所の開設者としての業務、そして、フリーな立場の建築士たちの業務に係る法令違反の状況、注意事項を示します。

1）設計・工事監理業務を行う建築士として

①設計者として

　設計を取りまとめる立場にあり、設計を総括する建築士にとって大切なことは、建築士が発注者を助けて行う社会的に建築を行う許可を得るための行為に係る業務です。それらの業務に係る違法行為は、表2－2の項目「1．建築士の業務に係る文書偽造、行使等」の分類項目に示す、虚偽の確認申請、確認申請なしの工事着工、工事容認を行い、確認済証偽造し、行使して工事着工やその他の申請に使うこと、検査済証を偽造・行使して、工事終了後不法に建築を使用、あるいは関係する各種申請に使用すること、適法な設計で完成し検査済証受領後、建築の有効活用のために完成後の違法化改造に関与することなど、多くの事例があげられています。

　これらの違法行為は、建築士が作成する公的な文書に係る社会的な基本ルールからの逸脱であり、公的資格者としての犯罪行為に他ならないと知るべきです。

　さらに、設計と工事監理を行う建築士には、「2．建築士の業務内容に係る法令違反」で記載しているような、設計内容の建築基準法等に係る「法令違反の設計」を行わないことが大切です。

　平成17年に発生した構造計算書偽装事件に端を発した構造計算書偽装、不適切な構造計算、さらに、構造計算書と構造図の食い違いなどの指摘等の処分が平成18・19・20年度と相次ぎ、戸建住宅、一般建築を併わせて100事例を超えています。そこには、おもてに出難い再委託先の構造設計者の処分2事例も含まれています。

　構造以外の法令違反では、建築基準法で定められている建築物の基本的な条件である道路との関係、敷地に係る大きさへの規制、高さへの規制、敷地の位置に係る都市計画上の規制、建物用途への規制等への多様な違反行為が認められる20事例も示されています。

　発注者の意向にとらわれ、あるいは時間的、経済的な制約のために違法行為に踏み込まないよう心がけたいものです。

②工事監理者として

　工事監理者への処分事例では、設計図書の通り工事が行われていないことが明らかになり、工事監理が十分に行われていないことが疑われる事例と工事終了後工事監理報告書を提出しない事例を記載しています。工事監理報告書の不提出は、工事監理業務そのものも十分に行われていないことにつながるものです。工事監理者の基本的な業務の懈怠といえます。

③様々な文書の作成等を依頼される建築士として

　さらに、建築士には、その名において、様々な評価書、証明書、報告書を作成することが依頼されますが、これらの実態的な業務を行わず、内容を偽造して発行している処分事例が少なくありません。「評価書、証明書、報告書の虚偽作成」で示す事例です。

　建築士の社会的信頼を大きく毀損するものといえます。

2）建築士事務所の管理建築士として

　建築士事務所の技術面の技術統括、技術管理を行うことが求められており、その業務の懈怠が違法行為につながった場合、「3．建築士事務所の業務遂行に係る法令違反」の中の「管理建築士の技術統括、管理不十分」として管理責任が問われた処分事例が紹介されています。管理建築士自身の違法行為に加えて、管理下にある建築士が違法行為を行った場合の管理責任まで問われているものです。

3）建築士事務所の開設者として

　事例の「3．建築士事務所の業務遂行に係る法令違反」の中の「事務所登録期間満了後の無登録事務所の業務」では、無登録事務所での違法な業務継続の事例が報告されています。

　また、事務所の書類などの整備に係る業務の問題としては、建築士事務所の実績書類などの備え置き、説明書面の作成交付、説明の懈怠としての事例もあげています。

　平成24年度になって、管理建築士講習を受講しない管理建築士の業務を容認しているとして建築士事務所の開設者が処分され始めました。「建築士事務所の開設者の管理不十分（管理建築士講習不受講）」では、行われた地域の事例を紹介しています。

4）定期講習を受講しないまま建築士事務所で業務を行う建築士の問題

　建築士事務所に所属し、そこで業務を行う建築士に3年毎の受講が義務付けられている定期講習を受講していない者に対して、平成25年度から処分が行われ始めました。

　「3．建築士事務所の業務遂行に関わる法令違反」の中の「G．業務を行う建築士の定期講習不受講」にその事例を紹介しています。

5）その他の建築士に関して

　建築士事務所が直接関係のない建築士の名義を借りることなどについて、「3．建築士事務所の業務遂行に係る法令違反」の中の「業務を行う建築士の名義貸し、名義無断借用」にそれぞれの事例をあげています。

　自ら行う意志のないまま、建築士事務所の管理建築士として、あるいは特定の建築物の担当設計、工事監理者としての記名押印を行っているものです。

3 処分事例の処分事由の傾向とその注意点

ここでは、処分事例を処分事例の分類ごとに、今後注意すべき代表的なものを表のかたちで示します。表では、事例ごとに、処分事由と処分、そして処分の対象となった者、処分が行われた年度、処分された建築士や建築士事務所の登録地を示しています。

なお、処分対象者の欄では、発表された処分に明記されていないものは、文面から読み取り加筆しています。登録地が記載されていないものは、発表されたものに記載がないものです。

参考までに、説明項目ごとに記載事例数と7年間の事例件数（カッコ内）示しています。

3-1. 建築士の業務に係る文書偽造、行使等による処分事例【30事例（63件）】

ここでは、わが国の建築物を造るための制度を根本から覆すような文書の偽造、行使、あるいは文書内容とは乖離した建築物をつくるなどの違法行為に対する処分を扱います。設計内容の確認のしくみ、工事施工内容の検査のしくみ、そして建築士の資質に係る信頼の構造を壊しかねない重大な違反を最初に取り上げるものです。

A．虚偽の確認申請に係る処分

	処分事由	処分	処分対象者	処分年 所在地
a1	愛知県内の建築物について、確認申請の代理者として、都市計画法第43条第1項に基づく許可書の写しを改ざんした文書を添付して、虚偽の確認申請を行った。	業務停止3ヶ月	確認申請代理者	H24 愛知県
a2	確認申請の代理者として、虚偽の確認申請を行った。	業務停止3ヶ月	確認申請代理者	H19 神奈川県
a3	建築物の建築確認申請で実際に建築する内容と異なる内容の確認申請をした。さらに、工事監理者として、確認申請した設計図書に基づいて工事が行われるよう工事監理を行わなかった。	業務停止5ヶ月	設計者で工事監理者	H18
a4	建築物の建築確認申請で、実際に建築する内容と異なる建築計画により確認申請を行い確認済証を受けた。確認申請上の工事監理者としての工事監理を業務を行わなかった。	業務停止4ヶ月	設計者で工事監理者	H18
a5	東京都、神奈川県、愛知県において戸建住宅等の確認申請書の作成にあたり、屋根材兼用型太陽電池パネルが型式部材等製造者の認証を受けた型式に含まれていないものに、認証を受けた型式の認証番号を記入、不適切な確認申請書を作成した。18事例で、いずれもP社の型式部材等製造者認証の取消し処分に係る事案である。	業務停止4ヶ月 〜1ヶ月	設計者	H21

建築は、確認申請を行うことから始まりますが、実際につくる建築とは異なり、申請が通りや

すい内容のものとすることが行われ、それが処分の対象となったものです。

　虚偽の確認申請を行った場合、実際に施工される建築物は確認申請内容とは異なるものとなり、a3、a4事例のように工事監理が行えなくなり、工事監理業務でも処分対象となる可能性があります。処分は、いずれも3〜5ヶ月の業務停止となっています。

　虚偽の確認申請に踏み込みかねない発注者や工事施工者の要望に対しては、正しい確認申請で対応できるよう工夫し、打ち合わせを重ねるべきです。

B．確認済証、確認申請なしの工事着工、工事容認に係る処分

	処分事由	処分	処分対象者	処分年 所在地
b1	建築士たる工事施工者及び工事監理者として、「確認済証」の交付なしの建築工事を行った。	業務停止4ヶ月	工事施工者で工事監理者	H24 三重県
b2	新潟県内の建築物2物件で建築確認申請の代理者及び工事監理者として、確認済証の交付を受けずに工事を行うことを容認した。	業務停止2ヶ月	確認申請代理者で工事監理者	H24 新潟県
b3	建築確認申請の代理者及び工事監理者として、確認申請手続きを行わずに虚偽の確認年月日及び虚偽の確認番号を工事現場に表示させ、確認済証なしの工事を容認、一級建築士として、違法行為を施工者に指示した。	業務停止4ヶ月	確認申請代理者で工事監理者	H24 東京都
b4	北海道内の住宅で事務所を兼ねるもので、確認申請代理者及び工事監理者として、確認済証の交付を受けずに工事が行われることを容認した。	業務停止1ヶ月	確認申請代理者で工事監理者	H23 北海道
b5	大阪府内の店舗で確認申請代理者及び工事監理者として、工事着手前に確認申請を行わず、無確認で工事を行い、工事着手後、着手前のように偽った工事着手予定年月日を記載した虚偽の確認申請を行った。	業務停止4ヶ月	確認申請代理者で工事監理者	H22 奈良県
b6	戸建住宅2戸の確認申請代理者として、虚偽の建築確認番号を施工者に通知し、無確認着工とし、工事監理者として、無確認の設計図書に基づき工事監理を行った。また、戸建住宅1戸の設計者として、構造基準に適合しない設計を行った。さらに、建築士事務所登録の有効期間の満了後、更新の登録を受けずに、業として他人の求めに応じ報酬を得て設計等を行った。	免許取消し	確認申請代理者、工事監理者で開設者	H20

　工事を急いで始めたい場合などで、確認済証が出されるのを待ちきれないで着工する場合があり、それに係った建築士たちが処分の対象となります。

　確認申請を行い、確認済証を得ることは、工事着工に必要不可欠な条件であるにもかかわらず、工事施工者及び工事監理者として、確認申請を行わず、確認済証を得ることなしで工事着工する、あるいは、虚偽の確認日付及び確認番号を工事現場に表示して工事着工するもので、確認制度そのものの否定につながる重大は違法行為です。処分は、b6事例の複合した違法行為に免許取消し、それ以外は業務停止1〜4ヶ月となっています。

C．確認済証の偽造、行使に係る処分

	処分事由	処分	処分対象者	処分年 所在地
c1	栃木県内の建築物で一級建築士として、<u>虚偽の確認済証及び虚偽の確認通知書を作成して工事施工者に渡すこと</u>、当該虚偽の確認済証及び虚偽の確認、通知書に係る虚偽の確認申請書の確認申請代理者欄、設計者欄及び工事監理者欄に他の建築士の承諾を得ずに他の建築士の名義を借用して記名すること、<u>確認済証の交付を受けずに工事が行われることの容認</u>、並びに工事施工者が建築士事務所登録を受けずに確認申請代理業務、設計業務及び工事監理業務を受託することについて建築士法に違反して相談に応じた。	業務停止3ヶ月	建築士で開設者	H24 東京都
c2	神奈川県内の建築で建築確認申請の代理者として、指定確認検査機関名の<u>虚偽の確認済証の写しを作成、工事施工者に渡し、無確認で工事を行わせた</u>。	業務停止3ヶ月	確認申請代理者	H24 東京都
c3	滋賀県内の共同住宅で<u>虚偽の確認済証を作成し工事施工者に渡した</u>。	業務停止3ヶ月	建築士で開設者	H23 滋賀県
c4	確認申請代理者として、<u>虚偽の確認済証を作成し、金融機関に渡した</u>。	業務停止3ヶ月	確認申請代理者	H23 広島県
c5	栃木県内の戸建住宅で確認申請代理者及び工事監理者として、<u>確認済証及び開発行為又は建築に関する証明書を偽造</u>、工事施工者に手渡し、確認申請を行わず、<u>無確認で工事が行われることを容認した</u>。処分を受けたにもかかわらず、<u>再度懲戒事由に該当する行為を行った</u>。	免許取消し	確認申請代理者で工事監理者	H22 茨城県
c6	神奈川県及び東京都内の戸建住宅等7物件で、設計者及び確認申請代理者として、<u>確認済証及び検査済証の写し（計8通）を偽造し</u>、工事施工者に送付した。なお、業務停止6月の処分の後再度懲戒事由に該当する行為を行った。	免許取消し	設計者で確認申請代理者	H21 神奈川県
c7	愛知県内の戸建住宅について、確認申請代理者及び工事監理者として、工事着手前に確認申請を行わず、<u>無確認で工事が行われることを容認する</u>とともに、<u>虚偽の確認済証の写しを作成し</u>、当該住宅の登記申請代理者に手渡した。また、<u>工事完了後に、工事着手前を装い、虚偽の確認申請を行い不正に確認済証の交付を受けた</u>。さらに、建築士事務所の開設者として、建築士事務所の業務に関する帳簿を備えおくことを怠った。	業務停止7ヶ月	確認申請代理者で工事監理者	H21 愛知県

　建築工事を始めるため不可欠な確認済証を偽造し行使した場合の処分です。

　確認申請による確認済証は、工事を始めるためには欠かせないため、工事施工を急ぐ場合、あるいは、考えている設計通りでは確認申請が通らないと考えられる場合、設計者、確認申請代理者及び工事監理者として、確認済証を偽造し、早期に思い通りの建築の工事着工を可能にすることが行われたものです。また、c4事例のように、融資などを受けるために偽造確認済証を金融

機関に渡した行為もあります。

　処分の程度は、c5、c6事例のように再度の懲戒に該当する場合は、免許取消しとなるが、c7事例のように、他の違反も重なり7ヶ月とされる以外は、業務停止3ヶ月とされています。

　確認済証の偽造は、工事監理や検査等その後の業務にも大きな影響をおよぼし、処分も加重される傾向にあります。偽造などせずに工事施工可能な工期の設定、内容の再検討を行うべきと考えます。

D．検査済証の偽造、行使に係る処分

	処分事由	処分	処分対象者	処分年 所在地
d1	虚偽の長期優良住宅認定申請書作成提出、<u>検査済証及び工事監理報告書の改ざんした。</u>	業務停止11ヶ月	建築士	H24 石川県
d2	福岡県内の工場で、建築士事務所の業務に関し、<u>虚偽の検査済証を作成し</u>、建築主に渡した。	業務停止3ヶ月	開設者	H23 福岡県
d3	建築主より建築基準法に基づく中間検査及び完了検査申請の手続きの代理業務を委任されたにもかかわらず、当該業務を行わず、<u>中間検査合格証及び検査済証としての外観を呈する文書を偽造し、建築主に交付した。</u>	業務停止4ヶ月	検査申請代理者	H18 広島県

　検査済証は、工事完了後、建築物の引き渡し、使用開始の前提となるものです。虚偽の申請等の理由で、これが得られない場合、その検査済証を偽造することも行われ、処分の対象となったものです。

　処分は業務停止3〜11ヶ月とされています。完成した建築が原因となり、人に危害がおよんだり、あるいは経済的な損失が発生した場合、建築物の瑕疵による責任が建設関係者にも問われるおそれがあるため、慎重な対応が望まれます。

E．完成後の違法化に係る処分

	処分事由	処分	処分対象者	処分年 所在地
e1	ホテル建築2物件で、<u>完了検査後の改造工事のための図面を作成し</u>、それにより建築関係法令に違反する建築物を現出させた。	業務停止7ヶ月	設計者	H18
e2	ホテル建築（横浜）で、建築関係法令に違反することを認識したうえで、<u>改造工事のための図面の作成に関与した。</u>また、福祉のまちづくり条例に違反する図面を作成し、同条例に違反する建築物を現出させた。	業務停止4ヶ月	設計者	H18

　適法な設計内容に基づく確認申請を経てつくられ、検査済証を交付された後、発注者などの要望に応えて改造したり、その改造を予定した設計とするなどの違法行為に対する処分です。

姉歯元建築士による構造計算書偽装事件で露見したもの、容積に参入されない駐車場等の部分を工事完了後検査済証を得た後に改造し、容積に参入される部分に改造することは、潜在的に行われてきた可能性もあり、これらの事例は、たまたま露見したものといえるかもしれません。

　建築物をめぐるトラブルが発生した場合、明らかになる可能性があるので、より多くの有効面積を確保したい発注者に対しては、適法な限界を明示し、違法行為に踏み込まないよう留意すべきものです。

F．建築士詐称、虚偽経歴に係る処分

	処分事由	処分	処分対象者	処分年 所在地
f1	一級建築士免許を取得前に建築士を詐称、その後、虚偽の学歴及び実務経験をもって建築士受験、資格取得	免許取消し	建築士	H24

　平成24年度、非建築士による建築士詐称及び二級建築士による一級建築士詐称などの多数の建築士詐称事件が発生しました。その処分事例です。

G．各種評価書、証明書、報告書等の虚偽作成に係る処分

	処分事由	処分	処分対象者	処分年 所在地
g1	茨城県内の建築物2物件で一級建築士として、虚偽の住宅の品質確保の促進等に関する法律による「設計住宅性能評価書」を作成し、当該虚偽の「設計住宅性能評価書」によって住宅エコポイントの申請が行われ、建築士の信用を失墜させる行為を行った。	業務停止2ヶ月	建築士	H24 東京都
g2	住宅金融支援機構適合証明業務を行う建築士事務所の登録開設者及び適合証明技術者として、173件について自ら実施せず、他の適合証明業務登録建築士事務所が実施した。うち、121物件では、必要と知りながら住戸内部の現地調査を行わず適合証明書を発行し、また、住宅金融支援機構の技術基準に不適合の住宅2物件に対して、適合証明書を発行した。登録開設者としての関係書類の保管を実施せず、他の適合証明業務登録建築士事務所が実施し、適合証明業務に関する帳簿についても自ら備え付けていなかった。	業務停止4ヶ月	適合証明技術者、開設者	H23 福岡県
g3	住宅金融支援機構適合証明業務を行う建築士事務所の登録開設者及び適合証明技術者として、適合証明書の発行依頼を受けた大阪府及び兵庫県内の物件4物件について、管理規約及び長期修繕計画の書類調査を一切行わずに適合証明書を発行し、その結果、同機構の技術基準に不適合な物件があることが判明した。また、登録開設者として、書類審査に係る書類の保管を怠った。	業務停止1ヶ月	適合証明技術者、開設者	H23 大阪府

	処分事由	処分	処分対象者	処分年 所在地
g4	宮崎県の戸建住宅10物件で、長期優良住宅建築等計画の認定の申請手続きの代理者として、代理業務を行うことなく、虚偽の認定通知書を作成した。また、宮崎県内の戸建住宅6物件でも、長期優良住宅建築等計画に係る技術的審査依頼の手続きの代理者として、代理業務を行うことなく、虚偽の適合証を作成した。	業務停止11ヶ月	申請手続きの代理者で建築士	H22 宮崎県
g5	住宅金融公庫のリフォームローンに係る住宅改良工事完了調査判定書の作成に当たって、現地調査を行わず調査判定書を交付した。	業務停止20日間	建築士	H18
g6	建築基準法に基づく定期報告において、当該建築物が容積率を超過していることを認識しつつ、虚偽の定期報告書の作成、提出に関与した。	業務停止20日間	建築士	H18

　建築を活用するために、各種の調査報告や検査や証明等を建築士に求められる場合、必要な検査等の作業を省略、そして虚偽の書類を作成、交付した法令違反、あるいは不誠実な行為に対する処分事例です。

　法令に違反しないことはもとより、社会的な職能を認められている建築士としての誠実な業務遂行が望まれるものです。

3-2. 建築士の業務内容に係る法令違反による処分事例

　建築士法第3条に規定されている「建築士でなければできない設計又は工事監理業務」の業務内容に係る法令違反とそれに対する処分の動向を示します。

　設計業務に係る法令違反としては、平成17年の姉歯元建築士による構造計算書偽装事件をきっかけにして、厳しいチェックが行われた結果、その後、平成18年度以後も多くの違反事例があげられています。まず、構造関係を取り上げ、ついで、その他の一般的な設計に関するものを取り上げます。

　工事監理業務に係る法令違反としては、工事監理業務が不十分で、様々な不都合が生じている事例、そして、工事監理業務が不十分であった結果を表しているともいえる工事監理報告書の不提出を取り上げます。

1）法令違反の設計（構造）に係る処分　【33事例（126件）】

A．一般建築物の構造設計に係るもの

	処分事由	処分	処分対象者	処分年 所在地
a1	物件についての構造計算書の偽装、内容の改ざん、構造設計図との不整合。	業務停止12ヶ月	構造設計者	H24 埼玉県
a2	埼玉県内、千葉県内及び神奈川県内の建築物（6物件）についての構造計算書の偽装、内容の改ざん。	業務停止6ヶ月	構造設計者	H24 東京都
a3	神奈川県内の建築物で構造計算書の部材種別が書き換えられ、構造計算書の不整合がある不適切な設計。	業務停止1ヶ月	構造設計者	H24 東京都
a4	神奈川県内の建築物で構造計算書の数値切り貼りなどの不整合がある不適切な設計。	業務停止1ヶ月	構造設計者	H24 東京都
a5	神奈川県内の建築物で構造計算書の断面計算において切り貼りがある不適切な設計。	業務停止1ヶ月	構造設計者	H24 東京都
a6	東京都内及び神奈川県内の建築物、9物件で構造耐力上必要な軸組の設置基準を満たさない建築基準法違反の設計。	業務停止11ヶ月	設計者	H24 東京都
a7	千葉県内の建築物、6物件で構造耐力上必要な軸組の設置基準を満たさない建築基準法違反の設計。	業務停止8ヶ月	設計者	H24 千葉県
a8	三重県内の建築物で設計者として、構造図と構造計算書との間に不整合が見られる不適切な設計を行った。	業務停止1ヶ月	構造設計者	H24 兵庫県
a9	神奈川県内の共同住宅で耐力壁の構造計算で全体崩壊形に達する場合のせん断力の1.5倍の耐力確保がされていないなど許容応力度等計算の条件を満たさない設計を行った。	業務停止6ヶ月	構造設計者	H23 神奈川県
a10	違反設計（保有水平耐力0.61）を行った構造設計者の元請け設計者である建築士の責任。	業務停止6ヶ月	設計者	H20
a11	設計者として、構造基準等に適合しない設計を行った。また、その設計図書に捺印しなかった。さらに、工事監理終了時に工事監理報告書を建築主に提出することを行わなかった。	業務停止5ヶ月	設計者	H19 北海道
a12	建築物4件の設計者として、構造基準に適合しない設計を行い、耐震性等の不足する構造上危険な建築物を少なくとも3件現出させた。また、構造計算書に偽装が見られる不適切な設計を5件行った。	免許取消し	構造設計者	H18
a13	共同住宅1物件の設計者として、構造計算書に偽装が見られる不適切な設計を行った。	業務停止1ヶ月	構造設計者	H18
a14	建築物7件の設計者として、構造基準に適合しない設計を行い、それにより耐震性等の不足する構造上危険な建築物を現出させた。また、構造計算書に偽装が見られる不適切な設計を5件行った。	免許取消し	構造設計者	H18
a15	設計者として、構造計算書に偽装が見られる不適切な設計を行った。	業務停止1ヶ月	構造設計者	H18

	処分事由	処分	処分対象者	処分年 所在地
a16	建築物の設計者として、構造基準に適合しない設計を行い、それにより耐震性等の不足する構造上危険な建築物を現出させた。また8件の建築物について、構造を担当した建築士として、構造図と構造計算書に不整合が見られるなど不適切な構造計算を行った。	免許取消し	構造設計者	H18 富山県
a17	岐阜県内の建築物で設計者として、土砂災害特別警戒区域内にあり、国土交通大臣が定めた構造方法を用いなければならないにもかかわらず、同構造方法を用いない設計とした。	業務停止3ヶ月	設計者	H24 岐阜県

　構造計算書の偽装から計算書と構造図の不整合、軸組の設置基準への違反、計算上の間違いなどの不適切な事例があげられています。

　建築物（戸建住宅を除く）における構造上の法令違反には、内容、程度に応じて、免許取消しから業務停止1ヶ月までの処分がなされています。

B．戸建住宅の構造設計に係るもの

	処分事由	処分	処分対象者	処分年 所在地
b1	埼玉県内の戸建住宅24物件について、設計者として、壁量不足等による耐震性の不足した設計を行った。	免許取消し	設計者	H23 埼玉県
b2	兵庫県の戸建住宅9物件について、設計者として、壁量不足等による耐震性の不足した設計を行った。	業務停止11ヶ月	設計者	H23 大阪府
b3	大阪府の戸建住宅9物件について、設計者として、壁量不足等による耐震性の不足した設計を行った。	業務停止8ヶ月	設計者	H23 大阪府
b4	神奈川県の戸建住宅3物件で設計者として、木造建築物の地震力及び風圧力に対する耐力壁量不足及び配置不良の設計を行った。	業務停止5ヶ月	設計者	H22 神奈川県
b5	大阪府及び滋賀県内の戸建住宅16物件について、木造建築物の地震力及び風圧力に対する耐力壁量不足と配置不良となる設計を行った。	免許取消し	設計者	H22 兵庫県
b6	兵庫県内の戸建住宅で設計者として、基礎立上がり部分の高さが告示に定める構造方法の基準によらない設計としたにもかかわらず、建築基準法施工令に規定する構造計算によって構造耐力上の安全を確かめていない不適切な設計を行った。	業務停止1ヶ月	設計者	H22 兵庫県
b7	埼玉県及び東京都内の戸建住宅13物件で、設計者として、壁量不足による耐震性が不足する設計を行った。	免許取消し	設計者	H21 東京都

	処分事由	処分	処分対象者	処分年 所在地
b8	兵庫県内の戸建住宅13物件について設計者として、木造建築物の地震力及び風圧力に対する耐力壁量不足及び配置不良の構造基準に適合しない設計を行った。業務停止3ヶ月の処分を受けたにもかかわらず、再度、懲戒事由に該当する行為を行った。	免許取消し	設計者	H21 兵庫県
b9	埼玉県及び東京都内の戸建住宅10物件で、設計者として、木造建築物の地震力及び風圧力に対する耐力獲量不足及び配置不良になる設計を行った。	業務停止12ヶ月	設計者	H21 埼玉県
b10	戸建住宅16戸の設計者として、構造基準に適合しない設計を行った。	免許取消し	設計者	H20
b11	戸建住宅20戸の設計者として、構造基準に適合しない設計を行った。	免許取消し	設計者	H19 埼玉県
b12	戸建住宅18戸の設計者として、構造基準に適合しない設計を行った。また、戸建住宅11戸の工事監理者として、工事監理報告書を建築主に提出しなかった。	免許取消し	設計者	H19 愛知県
b13	戸建住宅5戸の設計者として、構造基準に適合しない設計を行った。	業務停止7ヶ月	設計者	H19 東京都
b14	戸建住宅1戸の設計者として、構造基準に適合しない設計を行った。	業務停止4ヶ月	設計者	H19 神奈川県

　一般建築物と同様、構造計算書の偽造等が行われ、分譲戸建住宅の設計に当たっては、多数の違反事例が出ています。

　戸建住宅の構造上の不具合に係る処分では、不具合がある戸数に応じて免許取消しから業務停止1ヶ月までの多様な処分事例がみられ、社会的な影響を配慮してのことと考えられます。

C．再委託先の構造設計に係るもの

	処分事由	処分	処分対象者	処分年 所在地
c1	建築物の構造計算の再委託を受けた建築士として、構造計算書に不整合がみられる不適切な設計に関与した。	業務停止1ヶ月	再委託を受けた構造設計者	H20
c2	建築物3物件の構造計算の再委託を受けた建築士として、建築基準法令に定める構造基準に適合しない設計に関与した。	業務停止3ヶ月	再委託を受けた構造設計者	H19

　構造計算については、構造設計専門の建築士に再委託される場合が少なくありません。その責任は、実際に計算を行った再委託先の建築士にも及び、その立場にある建築士への注意も喚起したいものです。

2）法令違反の設計（構造以外）に係る処分　【20事例（51件）】

　構造関係以外の法令違反は、建築基準法や都市計画法に係るものの違反で多岐にわたっています。ここでは、その処分事由により内容を区分して示します。

D．道路との関係に係る違反

	処分事由	処分	処分対象者	処分年 所在地
d1	建築基準法施行条例違反の自動車出入口設置。	業務停止3ヶ月	設計者	H24 北海道
d2	建築基準法に基づく県の建築物の制限に関する条例、接道規定に違反。	業務停止3ヶ月	設計者	H24 岡山県
d3	埼玉県内の建築物で無接道となるものを、道路に接する他人の土地を無承諾で本件建築物の敷地とし確認申請を行った不適切な設計。	業務停止3ヶ月	設計者	H24 埼玉県
d4	愛知県内の建築基準法第42条第2項道路に接する建築物で、道路の中心線からの水平距離2メートル以内の道路内に本件建築物を建築する違反設計。	業務停止3ヶ月	設計者	H24 愛知県
d5	戸建住宅1戸の設計者として、建築基準法第54条、外壁後退距離に違反する設計を行った。	業務停止3ヶ月	設計者	H19

E．用途地域に係る違反

	処分事由	処分	処分対象者	処分年 所在地
e1	東京都内の建築物で、第二種中高層住居専用地域内に建築してはならない建築物の建築基準法違反設計。	業務停止3ヶ月	設計者	H24 東京都
e2	福岡県内の建築物で第一種中高層住居専用地域内にある敷地に、事務所を用途とする建築基準法違反の設計を行った。	業務停止3ヶ月	設計者	H23 福岡県

F．建ぺい率、容積率、高さ制限に係る違反

	処分事由	処分	処分対象者	処分年 所在地
f1	東京都内の建築物で、設計者として、建ぺい率オーバー、建築物の高さが道路高さ制限を超える設計とした。	業務停止3ヶ月	設計者	H24 東京都
f2	東京都内の建築物で設計者として、第一種高度地区の高さ制限を超える設計とした。	業務停止3ヶ月	設計者	H24 東京都

	処分事由	処分	処分対象者	処分年 所在地
f3	戸建住宅1戸の設計者として、建築基準法第52条、容積率規制に違反する設計を行った。	業務停止3ヶ月	設計者	H19
f4	設計者として、建築物の高さ制限に違反する設計を行った。	業務停止3ヶ月	設計者	H19 兵庫県
f5	建築物1物件の設計者として、高度地区の規制に違反する設計を行った。	業務停止3ヶ月	設計者	H19

G．施行条例に係る違反

	処分事由	処分	処分対象者	処分年 所在地
g1	建築物の設計者として、大阪府建築基準法施行条例第5条（角敷地における建築制限）に違反する設計を行った。	業務停止3ヶ月	設計者	H18 大阪府

H．防火に係る違反

	処分事由	処分	処分対象者	処分年 所在地
h1	愛知県内の戸建住宅で防火地域内における延べ面積が100㎡を超えるにもかかわらず、耐火建築物としない設計とした。	業務停止3ヶ月	設計者	H23 愛知県
h2	愛知県内の銀行の支店で、設計者として防火地域内における延べ面積が100㎡を超える銀行の支店であるにもかかわらず、耐火建築物としない設計を行った。	業務停止1ヶ月	設計者	H23 愛知県
h3	準防火地域内の建築物の設計者として、準耐火建築物の技術的基準等に適合しない設計を行った。建築士事務所の管理建築士として、事務所に所属する技術者の業務の管理が不十分であり、所属する二級建築士が偽造した確認済証により工事が行われる事態及び虚偽の証明書を添付した確認申請書により確認済証の交付を受けた。	業務停止7ヶ月	設計者	H21

I．廊下幅員等に係る違反

	処分事由	処分	処分対象者	処分年 所在地
i1	建築基準法施行令違反の共同住宅の廊下幅員不足。	業務停止3ヶ月	設計者	H24 兵庫県
i2	東京都内の共同住宅の設計で建築基準法施行令違反の廊下幅員とした。	業務停止3ヶ月	設計者	H24 東京都

J．都市計画法に係る違反

	処分事由	処分	処分対象者	処分年 所在地
j1	設計者として、敷地が都市計画法第4条第6項に規定する都市計画施設の区域内にあるにもかかわらず、同法第53条第1項の許可を受けることなく設計を行った。	業務停止3ヶ月	設計者	H23 三重県

K．エレベータの床鋼材に係る違反

	処分事由	処分内容	処分対象者	処分年 所属自治体
k1	東京都内の建築物22物件に設置するエレベータについて、設計者として、床版の鋼材について確認済証の交付を受けたものと実際に設置したものとに不整合な設計を行った。	免許取消し	設計者	H21 東京都

3）工事監理業務における法令違反 【15事例（20件）】

設計図書を理解し、設計図書の通りに工事が進んでいることを確認するはずの工事監理業務が十分でなく、建築の違法化などを惹き起こしている事例及び工事終了後の工事監理報告書の未提出の事例があげられています。

L．工事監理不十分

	処分事由	処分	処分対象者	処分年 所在地
ℓ1	大阪府内の建築物で、工事監理者として、本件建築物に係る屋根工事が大阪市告示第534号により指定した特定工程で、中間検査合格証の交付を受けずに工事続行を容認した。	業務停止1ヶ月	工事監理者	H24 大阪府
ℓ2	北海道内の共同住宅で工事監理者として工事監理不十分により、耐震スリットの工事箇所が設計図書と異なるなど設計図書の通りに工事が実施されなかった。	業務停止1ヶ月	工事監理者	H23 北海道
ℓ3	愛知県内の戸建住宅で工事監理者として、工事監理を十分に行わず、設計図書の通りに工事が実施されず、道路内の建築制限に違反になった。	業務停止3ヶ月	工事監理者	H23 愛知県
ℓ4	大阪府内の店舗兼住宅で工事監理者として、工事監理を十分に行わず、建築基準法（建ぺい率）に違反する工事が行われる事態を生じさせた。また、必要な中間検査合格証の交付を受けずに工事が続行されることを容認した。	業務停止4ヶ月	工事監理者	H21 大阪府

	処分事由	処分	処分対象者	処分年 所在地
ℓ5	工事監理者として、適法な設計図書の確認を怠り、建築士事務所の担当者による虚偽の確認済証番号に基づき、確認済証の交付を受けていない設計図書で工事監理を行った。	戒告	工事監理者	H20 中国地方整備局
ℓ6	戸建住宅の工事監理者として適正な工事監理を十分に行わなかったため、設計図面と異なる施工が行われた。	業務停止3ヶ月	工事監理者	H20
ℓ7	工事監理者として、適正な工事監理を十分に行わなかったため、設計図面と異なる施工が行われた。	業務停止3ヶ月	工事監理者	H19 大阪府
ℓ8	工事監理者として、適正な工事監理を十分に行わなかったため、条例に違反する建築物が現出した。	業務停止3ヶ月	工事監理者	H19 千葉県
ℓ9	設計者・工事監理者・工事施工者として、設計図書に基づいて工事が行われるよう適正な工事監理を十分に行わなかった。また、建築基準法令に違反する工事を行った。さらに、当該建築物に対する工事施工停止命令及び違反建築物措置命令に従わなかった。	業務停止5ヶ月	設計者 工事監理者 工事施工者	H18
ℓ10	建築物の確認申請書上の工事監理者であるところ、これを怠った。	業務停止3ヶ月	工事監理者	H18

M. 工事監理報告書の提出不履行

	処分事由	処分	処分対象者	処分年 所在地
m1	京都府内の戸建住宅で、工事監理者として、工事監理終了後、工事監理報告書を建築主に提出しなかった。	業務停止1ヶ月	工事監理者	H22 大阪府
m2	建築物6物件の工事監理者として、工事監理報告書を直ちに建築主に提出しなかった。	業務停止6ヶ月	工事監理者	H20
m3	工事監理者として、工事終了後、速やかに建築主に提出すべき工事監理報告書を提出しなかった。	業務停止1ヶ月	工事監理者	H18
m4	工事監理者として、工事終了後、速やかに建築主に提出すべき工事監理報告書を提出しなかった。	業務停止1ヶ月	工事監理者	H18 富山県
m5	建築主と設計・工事監理業務委託契約を締結したが、工事監理業務を適正に実施せず、工事監理報告書を建築主に提出しなかった。また、一級建築士事務所について、事務所変更届を懈怠したとともに、約1年にわたり、建築士事務所の更新の登録を受けずに、業として他人の求めに応じ報酬を得て設計等を行った。	業務停止6ヶ月	工事監理者 開設者	H18

3-3. 建築士事務所の業務に係る法令違反

建築士が報酬を得て、業務として設計・工事監理・その他の業務等の業務を行うときには、建築士事務所を定め、登録しなければならないとされています（建築士法第23条）。その建築士事務所に係る違法行為への処分をここに取りまとめました。それは事務所そのものの登録等に関するもの、事務所の開設者と管理建築士や所属する建築士に係るもの等があげられています。

1）建築士事務所の登録及び書類の整備等の不備 【11事例（23件）】

A．事務所登録期間満了後の無登録事務所の業務

	処分事由	処分	処分対象者	処分年 所在地
a1	建築士事務所の登録なしで報酬を得て、建築確認申請の代理者、設計者及び工事監理者として、建築確認申請の代理、設計及び工事監理の業務を業として行った。建築確認申請の代理者として、虚偽の確認済証を作成して建築主に渡した。契約内容及び履行に関する事項を記載した書面の建築主に対する受付及び説明を行わないとともに、業務委託等に関する事項を記載した書面の設計又は工事監理業務委託者に対する交付も不実施。	業務停止6ヶ月	開設者で建築確認申請の代理者 設計者 工事監理者	H24 熊本県
a2	岩手県内及び宮城県内の建築物16物件について事務所の開設者として事務所登録期間満了後も更新の登録を受けず報酬を得て業務を行った。うち2物件については建築士として契約内容及び履行に関する事項を記載した書面の交付及び説明を行わなかった。	業務停止5ヶ月	開設者	H24 岩手県
a3	愛知県内の建築物44物件について事務所の登録期間満了後、更新の登録を受けず他人の求めに応じ報酬を得て設計業務を業として行った。	業務停止4ヶ月	開設者	H24 愛知県
a4	事務所の開設者として、登録期間が満了後、更新の登録を受けず他人の求めに応じ報酬を得て設計業務を業として行い、また、同事務所の所在地を変更後も京都府知事に届け出ず、さらに、設計等の業務に関する報告書を京都府知事に提出しなかった。	業務停止3ヶ月	開設者	H24 京都府
a5	建築士事務所としての登録期間が満了後、開設者として更新の申請を行わず業として他人の求めに応じ報酬を得て確認申請の代理、敷地調査業務等の業を行った。そのため、指定確認検査機関に改ざんした事務所登録通知書を送付した。	業務停止7ヶ月	開設者	H23 広島県

	処分事由	処分	処分対象者	処分年 所在地
a6	大阪府内の戸建住宅で建築士事務所としての登録機関が満了後も開設者として更新の申請を行わず、業として報酬を得て設計及び工事監理の業務を行った。また、建築主との契約締結に当たり重要事項の説明等及び書面の交付をしなかった。	業務停止3ヶ月	開設者	H23 大阪府
a7	建築士事務所登録の有効期間の満了後、更新の登録を受けずに、業として他人の求めに応じ報酬を得て設計等を行った。	業務停止1ヶ月	開設者	H21
a8	建築士設計事務所の登録の有効期間の満了後、更新の登録を受けないで、山梨県内の建築物の工事監理者となるため、一級建築士事務所登録通知書を偽造し、確認申請代理者の一級建築士事務所はそれに基づき確認申請を行った。	業務停止3ヶ月	開設者	H21 山梨県
a9	建築士事務所の登録の有効期間の満了後、更新の登録を受けないで、業として他人の求めに応じ報酬を得て、建築物17物件の設計等を行った。	業務停止1ヶ月	開設者	H21 愛知県

　建築士事務所の登録期間満了後、無登録で業務を行った処分事例では、業務停止7ヶ月から1ヶ月とされています。

B．建築士事務所の実績書類等の備え置き、説明書面作成交付、説明の懈怠

	処分事由	処分	処分対象者	処分年 所在地
b1	福井県内及び富山県内の建築物29物件で、開設者として、同事務所の登録期間が満了したにもかかわらず、更新の登録を受けず他人の求めに応じ報酬を得て業として設計を行った。さらに、建築士法による業務実績等の書類を備え置きの不備、業務委託等に関する事項を記載した書面の設計業務委託者に対する交付の不備。	業務停止9ヶ月	開設者	H24 福井県
b2	北海道内の建築物8物件のうち、1物件では虚偽の確認済証を作成して施工会社の担当者に渡し、4物件では開設者として帳簿の備え付け及び保存並びに定められた業務に関する図書の保存の不実施、別の3物件では契約内容及び履行に関する事項を記載した書面の建築主に対する交付及び説明も不実施。	業務停止6ヶ月	開設者	H24 北海道

　平成19年改正の建築士法第24条の5に新たに規定された、業務実績などの書類の作成、備え置きの懈怠など、開設者に対する法令違反として、平成24年に初めて処分されたものです。処分は、業務停止9ヶ月と6ヶ月とされています。

2）建築士事務所の管理等の不備 【13事例（29件）】

C．管理建築士の技術総括、管理不十分

	処分事由	処分	処分対象者	処分年 所在地
c1	千葉県内の建築物2物件で、管理建築士として、当該事務所の業務に係る技術的事項の総括を怠り、偽の確認済証により無確認工事、虚偽の竣工現場検査に関する通知書・適合証明書（新築住宅）により住宅融資が行われた。	業務停止1ヶ月	管理建築士	H24 千葉県
c2	千葉県内の建築物で事務所の管理建築士として、技術的事項の総括を怠り、事務所所属の技術者が虚偽の確認済証を作成、無確認工事を行った。	業務停止1ヶ月	管理建築士	H24 千葉県
c3	北海道内の戸建住宅で管理建築士として、建築士事務所業務の技術的総括を怠り、所属する技術者によって、長期優良住宅の普及の促進に関する法律に基づく長期優良住宅建築等計画の認定に係る虚偽の認定通知書（2通）が作成され、また、札幌市長期優良住宅の認定等に関する要綱第4条第1項に基づく技術的審査に係る虚偽の書類（1通）が作成された。	業務停止1ヶ月	管理建築士	H23 北海道
c4	建築士事務所の管理建築士として、所属する技術者の業務の管理が不十分で、担当者による虚偽の建築確認番号によって、建築確認を受けることなく工事が行われる事態を生ぜしめた。	業務停止1ヶ月	管理建築士	H20
c5	管理建築士として事務所に所属する技術者の業務について、その管理と適正の確保を怠った。	業務停止1ヶ月	管理建築士	H19
c6	建築士事務所の管理建築士でありながら、宅地建物取引業者の専任取引主任者として従事し、管理建築士として建築士事務所に専任していなかった。また、事務所の開設者でありながら、事務所の所在地変更の届け出を怠り、帳簿及び実績等の書類を作成せず、事務所の標識を掲示していなかった。さらに、建築主から設計等の依頼を受けた際、必要な書類を交付しなかった。	業務停止6ヶ月	管理建築士で開設者	H19 福島県
c7	設計事務所の管理建築士として、自らの管理のもと設計監理をしていた者が確認済証を偽造し、それにより工事を行わせた。	業務停止1ヶ月	管理建築士	H18
c8	管理建築士として建築士事務所に所属する技術者の業務の管理と適正の確保を怠った。	業務停止1ヶ月	管理建築士	H18

　管理建築士として、建築士事務所の業務に係る技術的事項の総括を怠り、様々な違法行為を行ったとして、管理建築士にその管理責任が問われた事例です。それら違法行為の直接の責任は、別の担当した建築士等に問われ、管理建築士としては、間接責任を問われたかたちとなり、いずれも業務停止1ヶ月程度の処分となっていますが、処分の対象となることについては注意すべきです。

D．建築士事務所の開設者の管理不十分（管理建築士講習の不受講）

	処分事由	処分	処分対象者	処分年 所在地
d1	一級建築士事務所の開設者として、管理建築士講習の課程を修了していない者を管理建築士として置いていた。	業務停止1ヶ月	開設者	H24 千葉県
d2	開設者として、管理建築士講習の課程を修了していない者を、管理建築士として置いていた。	業務停止1ヶ月	開設者	H24 埼玉県
d3	開設者として、管理建築士講習の課程を修了していない者を、管理建築士として置いていた。	業務停止1ヶ月	開設者	H24 東京都
d4	開設者として、管理建築士講習の課程を修了していない者を、管理建築士として置いていた。	業務停止1ヶ月	開設者	H24 滋賀県
d5	開設者として、管理建築士講習の課程を修了していない者を、管理建築士として置いていた。	業務停止1ヶ月	開設者	H24 大阪府

　管理建築士の講習は、平成19年改正の建築士法第24条で建築士事務所の管理に当たって義務付けられているもので、平成24年に始めて処分が行われたものです。建築士事務所の開設者に対して行われ、いずれも業務停止1ヶ月とされています。上記事例で示すように、千葉県、埼玉県、東京都、滋賀県、大阪府で19件の処分が行われました。

3）業務を行う建築士の名義貸し、名義の無断借用 【9事例（11件）】

E．名義貸し

	処分事由	処分	処分対象者	処分年 所在地
e1	建築士事務所の業務を行う意思がないにもかかわらず、建築士としての名義を、同事務所の管理建築士として使用することを許した。	業務停止6ヶ月	建築士	H24 千葉県
e2	管理建築士としての業務を行う意思がないにもかかわらず、建築士としての名義を建築士事務所の管理建築士として使用することを承諾した。静岡県内の戸建住宅等28物件について、建築確認申請書の設計者欄及び工事監理者欄に建築士としての名義を記載することを承諾した。	免許取消し	建築士	H22 静岡県
e3	管理建築士としての業務を行う意思がないにもかかわらず、名義を管理建築士として使用することを承諾した。	業務停止3ヶ月	建築士	H20
e4	工事監理者に就任する意思がないにもかかわらず、確認申請書の工事監理者欄に建築士としての自己の名義を記載した。	業務停止3ヶ月	建築士	H19
e5	管理建築士としての業務を行う意思がないにもかかわらず、建築士としての名義を設計事務所の管理建築士として使用することを承諾した。また、3件の建築物について、設計及び工事監理を行う意思がないにもかかわらず、建築確認申請書の設計者欄及び工事監理者欄並びに設計図書に建築士としての名義記載を了承した。	業務停止10ヶ月	建築士	H18

	処分事由	処分	処分対象者	処分年 所在地
e6	建築物2件について、設計及び工事監理を行う意思がないにもかかわらず、建築確認申請書の設計者欄及び工事監理者欄並びに設計図書に建築士としての名義を記載することを了承した。	業務停止5ヶ月	建築士	H18
e7	設計及び工事監理を行う意思がなく、建築士でない者が設計及び工事監理を行うことを知りながら、確認申請書の設計者欄及び工事監理者欄並びに設計図書に建築士としての名義を記載することを承諾し、その確認申請書が指定確認検査機関に提出され、確認済証が交付される事態を生じさせた。	業務停止3ヶ月	建築士	H18
e8	管理建築士としての業務を行う意思がないにもかかわらず、一級建築士としての名義の事務所による使用を承諾した。また、無資格者が設計及び工事監理を行うことを知りながら、長期間、その者に対して、一級建築士としての名義を記載、使用することを承諾した。	免許取消し	建築士	H18

　名義貸しについては、管理建築士としての名義使用、設計・工事監理者としての確認申請図書への記名に関わる名義貸しであり、処分は、免許取消しから業務停止3ヶ月までその内容によって加減されています。

F．他建築士の名義の無断借用

	処分事由	処分	処分対象者	処分年 所在地
f1	千葉県内の建築物で設計者として、構造設計一級建築士による適合の確認を受けるべきところを、建築物の安全性を確かめた旨の証明書に別の構造設計一級建築士の名義を無断で借用して記名押印した。	業務停止3ヶ月	設計者	H24 埼玉県

4）業務を行う建築士の定期講習不受講　【1事例（11件）】

G．定期講習の不受講

	処分事由	処分	処分対象者	処分年 所在地
g1	建築士法施行規則の一部を改正する省令の施工の日において一級建築士試験に合格しており、同日から平成24年3月31日までの期間において建築士事務所に所属していた建築士であって、同期間に建築士法第22条の2第1号の規定による一級建築士定期講習を受けていないことから、平成24年3月31日までに同講習を受けなければならないにもかかわらず、同日までに同講習を受けず、一級建築士事務所に属した。	戒告	建築士	H25 北海道

　平成25年度、はじめて北海道開発局、関東地方整備局、中部地方整備局で11件の戒告処分がなされたもの。今後、定期講習の受講状況から、多くの処分がなされる可能性があり、注意する必要がある。

3-4. 建築士と建築士事務所等の業務に重複して係る法令違反 【6事例（9件）】

違法行為を建築士や建築士事務所等の業務上の法令違反別、傾向別にまとめてきましたが、以下の事例については、係る法令違反が重複し、処分対象者の立場や役割も複数にわたるものを、これまでの事例の分類とは別に示します。

H．その他　重複して係る法令違反

	処分事由	処分	処分対象者	処分年 所在地
h1	長崎県内の建築物の7物件のうち4物件で、<u>設計者として</u>、建築基準法違反の構造耐力不足の設計を行い、<u>工事監理者として</u>、建築確認を得ていない工事を容認した。さらに、<u>一級建築士として</u>、特定行政庁に対して平成21年3月付け<u>報告書にて虚偽の報告</u>を行った。 また、<u>開設者として</u>建築士法により定められた内容を記載した<u>帳簿の備え付け及び保存並びに業務に関する図書の保存</u>、<u>業務実績等の書類の建築士事務所での備え置き</u>、また<u>契約内容及び履行に関する事項を記載した書面の建築主に対する交付及び説明を</u>、<u>業務委託等に関する事項を記載した書面の設計又は工事監理業務委託者に対する交付を行わなかった</u>。	免許取消し	設計者、工事監理者、建築士、で開設者	H24 長崎県
h2	愛媛県内の工場で、<u>設計者として</u>、確認を要しないにもかかわらず、<u>他の構造設計一級建築士の名義を借用し</u>、構造設計図書に構造関係規定適合を確認するとの記載を行った。<u>開設者として</u>、設計業務の受託契約を他の建築士事務所と締結するに当たり、基づく<u>書面の交付を行わなかった</u>。	業務停止4ヶ月	設計者で開設者	H23 愛媛県
h3	神奈川県内の共同住宅で、<u>設計者として</u>、現況地盤の高さや既存擁壁について現況と異なる設計図書を作成し高さ制限に適合の偽装、違法な設計を行った。<u>工事監理者として</u>、確認申請設計図書と異なる工事を容認、不十分な工事監理を行った。<u>工事施工者として</u>、中間検査合格証の交付を受けずに工事を施工、是正措置命令にも従わず、求められた施行状況に関する報告も怠った。	免許取消し	設計者、工事監理者で工事施工者	H23 神奈川県
h4	新潟県内の戸建住宅で、<u>工事監理者として</u>、<u>工事監理を十分行わず</u>、設計図書の通りに工事が実施されず、<u>完了検査申請代理者及び工事監理者として</u>、設計図書と異なる工事が行われたにもかかわらず、<u>虚偽の完了検査申請書を特定行政庁に提出</u>した。 別の新潟県内の戸建住宅でも、<u>工事監理者として</u>、<u>工事監理を十分行わず</u>、設計図書の通りに工事が実施されず、<u>確認申請代理者及び工事監理者として</u>、工事着手前に確認申請を行わず、無確認で工事が行われることを容認した。新潟県内の戸建住宅について、<u>工事監理者として</u>、工事監理が終了時の工事監理報告書を建築主に提出しなかった。また、<u>建築士事務所の業務の実績等を記載した書類を備え置くことを怠った</u>。	業務停止6ヶ月	確認申請代理者、検査申請代理者、工事監理者で開設者	H22 新潟県

	処分事由	処分	処分対象者	処分年 所在地
h5	富山県内の戸建住宅で、虚偽の確認済証を作成し建築主に渡し無確認で工事が行われることを容認した。工事監理者として工事終了時の工事監理報告書を建築主に提出しなかった。さらに、建築士事務所の開設者でありながら、建築士事務所の業務に関する帳簿の備え付け、保存を怠った。	業務停止7ヶ月	設計者、工事監理者で開設者	H22 富山県
h6	愛知県の戸建住宅で、設計者として、日影による中高層の建築物の高さの制限に違反する設計を行った。確認申請代理者として、確認済証を偽造、無確認工事を容認した。建築士事務所の開設者でありながら、建築士事務所の業務書類の備え置きを怠った。	業務停止7ヶ月	設計者、確認申請代理者で開設者	H22 岐阜県

　設計者であり、工事監理者であり、建築士事務所の開設者であり、管理建築士である、それぞれの立場での違法行為が重なり、複合した違法行為に加算された処分が行われたものです。一つの違法行為が連鎖的に他の違法行為を招き、重い処分となりかねないことには十分注意すべきです。

　処分の程度は、免許取消しから業務停止7～4ヶ月となっています。

3-5. その他（禁錮以上の刑）【5事例（6件）】

I　その他禁錮以上の刑に係るもの

	処分事由	処分	処分対象者	処分年 所在地
i1	禁錮以上の刑（無期懲役）が確定した。	免許取消し	建築士	H24 東京都
i2	業務上横領の罪により懲役2年、執行猶予3年の刑。	業務停止4ヶ月	建築士	H19 東京都
i3	詐欺罪で懲役1年の実刑判決が確定した。	業務停止1ヶ年	建築士	H18
i4	詐欺罪で懲役1年8月の実刑判決が確定した。	免許取消し	建築士	H18
i5	強盗致傷、銃砲刀剣類所持等取締法違反により懲役6年の刑は確定。	免許取消し	建築士	H18

　建築士の社会的信頼の低下を招く犯罪行為に対する処分で、免許取消しから業務停止2ヶ月まで、その刑事罰の重さによって処分がなされています。

平成20年11月14日制定

資料−1

一級建築士の懲戒処分の基準

1 趣旨
本基準は、建築士法（昭和25年法律第202号。以下「法」という。）第10条第1項の規定に基づく懲戒処分（以下「処分」という。）を行う場合の基準を定めることにより、一級建築士の行う業務に係る不正行為等に厳正に対処し、一級建築士の業務の適正を確保することを目的とする。

2 用語
本基準における次に掲げる用語の定義は、それぞれ次に定めるとおりとする。
(1) 「免許取消」とは、法第10条第1項の規定に基づき行う免許の取消しをいう。
(2) 「業務停止」とは、法第10条第1項の規定に基づき行う業務停止の命令をいう。
(3) 「戒告」とは、法第10条第1項の規定に基づき行う戒告をいう。
(4) 「文書注意」とは、法第10条第1項の規定に基づく処分を行うに至らない不正行為等について、文書により必要な指導、助言又は勧告を行うことをいう。

3 処分等の基本方針
一級建築士の業務の適正を確保するため、一級建築士が、法第10条第1項に規定する懲戒事由に該当するときは、迅速かつ厳正に処分又は文書注意（以下「処分等」という。）を行うものとする。

4 処分等の基準
(1) **一般的基準**
処分等の内容は、表1「ランク表」に掲げる懲戒事由に対応するランクを基本に、下記(2)及び(3)を勘案して処分等のランクを決定したうえで、表3「処分区分表」によって決定するものとする。
(2) **複数の懲戒事由に該当する場合の取扱い**
イ 一の行為が二以上の懲戒事由（表1に掲げる懲戒事由をいう。以下同じ。）に該当する場合は、最も重い懲戒事由のランクに基づき処分等のランクを決定するものとする。
ロ 処分等を行うべき二以上の行為について併せて処分等を行う場合は、最も重い懲戒事由のランクに加重して処分等のランクを決定するものとする。
ただし、同一の懲戒事由に該当する複数の行為については、時間的、場所的接着性や行為態様の類似性等を勘案し、単一の行為と見なしてランクを決定することができる。
(3) **個別事情によるランクの加重又は軽減**
懲戒事由に該当する行為について、表2「個別事情による加減表」に掲げる事情があると認められるときは、同表の区分に従い、ランクを加重又は軽減することができるものとする。
(4) **過去に処分等を受けている場合の取扱い**
過去に処分等の履歴のある者に対する処分等の内容は、上記(1)から(3)により今回相当とされる処分等のランクに、表4「過去に処分等を受けている場合の取扱表」の区分に従ってランクを加重したうえで、決定するものとする。

5 その他
(1) **処分等の保留**
司法上の捜査がなされ、又は送検、起訴等がなされた場合、懲戒事由に該当する行為について民事訴訟が係争中であり、処分等の内容の決定に当たって当該訴訟の結果等を参酌する必要がある場合その他処分等の内容を決定できない事情がある場合には、必要な間、処分等を保留することができる。
(2) **懲戒事由に該当する行為があった時から長期間経過している場合の取扱い**
懲戒事由に該当する行為が終了して5年以上経過し、その間、何ら懲戒事由に該当する行為を行わず、一級建築士として適正に業務を行うなど、法令遵守の状況等が窺えるような場合は、処分等をしないことができる。ただし、行為の性質上、発覚するのに相当の期間の経過を要するような特別な事情のある場合において、当該行為の発覚から5年以内であるときは、この限りでない。なお、上記(1)により処分等の保留をした場合においては、当該保留に係る期間については考慮しないものとする。

6 施行期日等
(1) この基準は、平成20年11月28日から施行する。
(2) 一級建築士の懲戒処分の基準（平成19年5月31日制定）は、廃止する。

表1　ランク表

懲戒根拠		懲戒事由	関係条文	ランク
建築関係法令違反（建築士法第10条第1項第1号）	建築士法違反	1. 業務停止処分違反	10①	16
		2. 指定登録機関、指定試験機関又は指定事務所登録機関の秘密保持義務違反（指定登録機関等の役職員等として）	10の8①、10の20③、15の5①、15の6③、26の3③	4
		3. 登録講習機関の地位の承継の届け出義務違反（地位を承継した者として）	10の27②、22の3②、26の5②	4
		4. 試験委員の不正行為	15の4、15の6③	4
		5. 違反設計、違反適合確認	18①、20の2③、20の3③	
		（建築物の倒壊・破損、人の生命・身体への危害の発生に繋がるおそれのある技術基準規定違反の設計・適合確認等）		9〜15
		（上記以外の違反設計・違反適合確認）		6
		6. 工事監理不履行・工事監理不十分	18③	6
		7. 無断設計変更	19	4
		8. 設計図書の記名・押印不履行	20①	4
		9. 安全性確認証明書交付義務違反	20②	6
		10. 工事監理報告書の未提出、不十分記載等	20③	4
		11. 建築設備資格者の意見明示義務違反	20⑤	4
		12. 名義借り	20①③、20の2①②、20の3②、24①	6
		13. 名義貸し	20①③、20の2③、20の3①③、21の2、24の2	6
		14. 構造設計図書・設備設計図書への表示義務違反	20の2①、20の3①	4
		15. 構造設計一級建築士・設備設計一級建築士への確認義務違反	20の2②、20の3②	4
		16. 構造設計図書・設備設計図書の確認記載・記名・押印不履行	20の2③、20の3③	4
		17. 構造設計一級建築士証・設備設計一級建築士証の不提示	20の2④、20の3④	4
		18. 違反行為の指示等	21の3	6
		19. 信用失墜行為	21の4	4
		20. 定期講習受講義務違反	22の2	2
		21. 設計等の業務に関する報告書未提出	23の6	4
		22. 無登録業務	23、23の10	4

懲戒根拠		懲戒事由	関係条文	ランク
建築関係法令違反 (建築士法第10条第1項第1号)	建築士法違反	23. 虚偽・不正事務所登録	23の2	4
		24. 事務所変更届懈怠、虚偽報告	23の5①	4
		25. 管理建築士不設置	24①②	4
		26. 管理建築士事務所管理不履行	24③	4
		27. 再委託の制限違反	24の3	4
		28. 事務所の帳簿不作成、不保存	24の4	4
		29. 事務所標識非掲示	24の5	4
		30. 業務実績等の書類の備置き、閲覧義務違反、虚偽記入	24の6	4
		31. 重要事項説明義務違反	24の7①	4
		32. 建築士免許証等の不提示	24の7②	4
		33. 業務委託等の書面の交付義務違反	24の8	4
		34. 事務所閉鎖処分違反	26②	16
		35. 事務所報告、検査義務違反	26の2	4
		36. 建築士審査会委員の不正行為	32	4
建築関係法令違反 (建築士法第10条第1項第1号)	建築基準法違反	37. 設計、構造設計、設備設計、工事監理規定違反	5の4	6
		38. 無確認工事等	6、7の3	6
		39. 違反工事	各条項	6
		40. 工事完了検査申請等懈怠	7、7の3	4
		41. 是正命令等違反	9	6
		42. 確認表示非掲示	89①	4
	上記以外の建築関係法令違反	43. 建築確認対象法令違反		3〜6
不誠実行為 (建築士法第10条第1項第2号)		44. 虚偽の確認通知書等の作成又は同行使		6
		45. 無確認着工等容認		4
		46. 虚偽の確認申請等		6
		47. 工事監理者欄等虚偽記入		6
		48. 管理建築士専任違反		4
		49. 管理建築士への名義貸し		6
		50. 重要事項説明の欠落		4
		51. その他の不誠実行為		1〜6

(注) 上表に具体の記載のない行為については、上表中の最も類似した行為の例によること。

表2　個別事情による加減表

項　目	内　容	加重・軽減
行為者の意識	○重大な悪意あるいは害意に基づく行為	＋3ランク
	○行為を行うにつきやむを得ない事情がある場合	▲1～▲3ランク
行為の態様	○違反行為等の内容が軽微であり、情状をくむべき場合	▲1～▲3ランク
	○暴力的行為又は詐欺的行為	＋3ランク
	○法違反等の状態が長期にわたる場合	＋3ランク
	○常習的に行っている場合	＋3ランク
是正等の対応	○速やかに法違反等の状態の解消を自主的に行った場合	▲1ランク
	○処分の対象となる事由につき自主的に申し出てきた場合	▲1ランク
社会的影響	○刑事訴追されるなど社会的影響が大きい場合	＋3ランク
その他	○上記以外の特に考慮すべき事情がある場合	適宜加減

表3　処分区分表

処分等のランク	処分等の内容
1	文書注意
2	戒告
3	業務停止1月未満
4	業務停止1月
5	業務停止2月
6	業務停止3月
7	業務停止4月
8	業務停止5月

処分等のランク	処分等の内容
9	業務停止6月
10	業務停止7月
11	業務停止8月
12	業務停止9月
13	業務停止10月
14	業務停止11月
15	業務停止12月
16以上	免許取消

※業務停止期間については、暦に従うものとする。

表4　過去に処分等を受けている場合の取扱表

今回相当処分等＼過去の処分等	文書注意（ランク1）	戒告（ランク2）	業務停止（ランク3～15）	免許取消（ランク16以上）
文書注意（ランク1）	＋1ランク（＋2ランク）	＋3ランク（＋4ランク）		
戒告（ランク2）				
業務停止（ランク3～15）				
免許取消（ランク16以上）	免許取消			

（　）は過去の処分の懲戒事由が今回の懲戒事由と同じ場合

（注1）　過去の処分等の懲戒事由が今回の懲戒事由と同じ場合は、上表中の（　）内のランクを今回相当とされる処分等のランクに加重する。ただし、過去の懲戒事由が表1のランク6以上に該当し、今回も同表のランク6以上に該当する場合は、免許取消を行うものとする。

（注2）　過去の処分等が今回の懲戒事由となる行為から5年より前である場合は、上表中のランクを1ランク軽減し加重するものとする。ただし、過去の懲戒事由が表1のランク6以上に該当する場合は軽減しない。

資料－2

改正建築基準法・建築士法（平成19年6月20日施行）による罰則強化について

建築基準法の見直しに関する検討会第6回資料　国土交通省　より

〈主な罰則の引き上げについて〉

法律名	違反内容	改正前（括弧内は対法人）	改正後（括弧内は対法人）
建築基準法	建築物の是正命令、工事施工停止命令等違反	懲役1年／罰金300万円（罰金1億円※）	懲役3年／罰金300万円（罰金1億円※）
建築基準法	構造耐力に係る基準（小規模建築物に係るものを除く。）など重大な実体規定違反の設計等	罰金50万円（罰金50万円）	懲役3年／罰金300万円（罰金1億円※）
建築基準法	建築確認、完了検査、中間検査に関する違反	罰金30、50万円（罰金30、50万円）	懲役1年／罰金100万円（罰金100万円）
建築士法	建築士・建築士事務所の名義貸し、建築士による構造安全性の虚偽証明	なし	懲役1年／罰金100万円（罰金100万円）

※　学校、病院、共同住宅等の特殊建築物等に係るものに限る。

建築士の欠格事由の強化

	改正前	改正後
○絶対的欠格事由（建築士免許を与えない者）（建築士法第7条）	①懲戒処分により免許を取り消され2年を経過しない者	①禁固以上の刑の執行が終わった日から5年を経過しない者 ②建築士法、建築基準法等の違反により罰金刑に処せられ5年を経過しない者 ③懲戒処分により免許を取り消され5年を経過しない者 ④懲戒処分による業務停止の期間中に、本人の免許取消し申請により、その免許が取り消され、まだその期間を経過しない者
○相対的欠格事由（建築士免許を与えないことができる者）（建築士法第8条）	①禁固以上の刑に処せられた者 ②建築士法、建築基準法等の違反により罰金刑に処せられた者 ③懲戒処分により免許を取り消され5年を経過しない者	①禁固以上の刑に処せられた者＊ ②建築士法、建築基準法等の違反により罰金刑に処せられた者＊ ＊：絶対的欠格事由に該当する者を除く

参考資料

建築士法（抜粋）

昭和25年5月24日法律第202号
最終改正　平成25年6月14日法律第44号

（定義）

第2条　この法律で「建築士」とは、一級建築士、二級建築士及び木造建築士をいう。

2　この法律で「一級建築士」とは、国土交通大臣の免許を受け、一級建築士の名称を用いて、建築物に関し、設計、工事監理その他の業務を行う者をいう。

3　この法律で「二級建築士」とは、都道府県知事の免許を受け、二級建築士の名称を用いて、建築物に関し、設計、工事監理その他の業務を行う者をいう。

4　この法律で「木造建築士」とは、都道府県知事の免許を受け、木造建築士の名称を用いて、木造の建築物に関し、設計、工事監理その他の業務を行う者をいう。

5　この法律で「設計図書」とは建築物の建築工事の実施のために必要な図面（現寸図その他これに類するものを除く。）及び仕様書を、「設計」とはその者の責任において設計図書を作成することをいう。

6　この法律で「構造設計」とは基礎伏図、構造計算書その他の建築物の構造に関する設計図書で国土交通省令で定めるもの（以下「構造設計図書」という。）の設計を、「設備設計」とは建築設備（建築基準法（昭和25年法律第201号）第2条第3号に規定する建築設備をいう。以下同じ。）の各階平面図及び構造詳細図その他の建築設備に関する設計図書で国土交通省令で定めるもの（以下「設備設計図書」という。）の設計をいう。

7　この法律で「工事監理」とは、その者の責任において、工事を設計図書と照合し、それが設計図書のとおりに実施されているかいないかを確認することをいう。

8　この法律で「大規模の修繕」又は「大規模の模様替」とは、それぞれ建築基準法第2条第14号又は第15号に規定するものをいう。

9　この法律で「延べ面積」、「高さ」、「軒の高さ」又は「階数」とは、それぞれ建築基準法第92条の規定により定められた算定方法によるものをいう。

（職責）

第2条の2　建築士は、常に品位を保持し、業務に関する法令及び実務に精通して、建築物の質の向上に寄与するように、公正かつ誠実にその業務を行わなければならない。

（一級建築士でなければできない設計又は工事監理）

第3条　左の各号に掲げる建築物（建築基準法第85条第1項又は第2項に規定する応急仮設建築物を除く。以下この章中同様とする。）を新築する場合においては、一級建築士でなければ、その設計又は工事監理をしてはならない。

一　学校、病院、劇場、映画館、観覧場、公会堂、集会場（オーデイトリアムを有しないものを除く。）又は百貨店の用途に供する建築物で、延べ面積が500平方メートルをこえるもの

二　木造の建築物又は建築物の部分で、高さが13メートル又は軒の高さが9メートルを超えるもの

三　鉄筋コンクリート造、鉄骨造、石造、れん瓦造、コンクリートブロック造若しくは無筋コンクリート造の建築物又は建築物の部分で、延べ面積が300平方メートル、高さが13メートル又は軒の高さが9メートルをこえるもの

四　延べ面積が1,000平方メートルをこえ、且つ、階数が2以上の建築物

2　建築物を増築し、改築し、又は建築物の大規模の修繕若しくは大規模の模様替をする場合においては、当該増築、改築、修繕又は模様替に係る部分を新築するものとみなして前項の規定を適用する。

(一級建築士又は二級建築士でなければできない設計又は工事監理)

第3条の2 前条第1項各号に掲げる建築物以外の建築物で、次の各号に掲げるものを新築する場合においては、一級建築士又は二級建築士でなければ、その設計又は工事監理をしてはならない。

一 前条第1項第3号に掲げる構造の建築物又は建築物の部分で、延べ面積が30平方メートルを超えるもの

二 延べ面積が100平方メートル（木造の建築物にあつては、300平方メートル）を超え、又は階数が3以上の建築物

2 前条第2項の規定は、前項の場合に準用する。

3 都道府県は、土地の状況により必要と認める場合においては、第1項の規定にかかわらず、条例で、区域又は建築物の用途を限り、同項各号に規定する延べ面積（木造の建築物に係るものを除く。）を別に定めることができる。

(一級建築士、二級建築士又は木造建築士でなければできない設計又は工事監理)

第3条の3 前条第1項第2号に掲げる建築物以外の木造の建築物で、延べ面積が100平方メートルを超えるものを新築する場合においては、一級建築士、二級建築士又は木造建築士でなければ、その設計又は工事監理をしてはならない。

2 第3条第2項及び前条第3項の規定は、前項の場合に準用する。この場合において、同条第3項中「同項各号に規定する延べ面積（木造の建築物に係るものを除く。）」とあるのは、「次条第1項に規定する延べ面積」と読み替えるものとする。

(名簿)

第6条 一級建築士名簿は国土交通省に、二級建築士名簿及び木造建築士名簿は都道府県に、これを備える。

2 国土交通大臣は一級建築士名簿を、都道府県知事は二級建築士名簿及び木造建築士名簿を、それぞれ一般の閲覧に供しなければならない。

(免許の取消し)

第9条 国土交通大臣又は都道府県知事は、その免許を受けた一級建築士又は二級建築士若しくは木造建築士が次の各号のいずれかに該当する場合においては、当該一級建築士又は二級建築士若しくは木造建築士の免許を取り消さなければならない。

一 本人から免許の取消しの申請があつたとき。

二 前条の規定による届出があつたとき。

三 前条の規定による届出がなくて同条各号に掲げる場合のいずれかに該当する事実が判明したとき。

四 虚偽又は不正の事実に基づいて免許を受けたことが判明したとき。

五 第13条の2第1項又は第2項の規定により一級建築士試験、二級建築士試験又は木造建築士試験の合格の決定を取り消されたとき。

2 国土交通大臣又は都道府県知事は、前項の規定により免許を取り消したときは、国土交通省令で定めるところにより、その旨を公告しなければならない。

(懲戒)

第10条 国土交通大臣又は都道府県知事は、その免許を受けた一級建築士又は二級建築士若しくは木造建築士が次の各号のいずれかに該当する場合においては、当該一級建築士又は二級建築士若しくは木造建築士に対し、戒告し、若しくは1年以内の期間を定めて業務の停止を命じ、又はその免許を取り消すことができる。

一 この法律若しくは建築物の建築に関する他の法律又はこれらに基づく命令若しくは条例の規定に違

反したとき。
　二　業務に関して不誠実な行為をしたとき。
2　国土交通大臣又は都道府県知事は、前項の規定により業務の停止を命じようとするときは、行政手続法（平成5年法律第88号）第13条第1項の規定による意見陳述のための手続の区分にかかわらず、聴聞を行わなければならない。
3　第1項の規定による処分に係る聴聞の主宰者は、必要があると認めるときは、参考人の出頭を求め、その意見を聴かなければならない。
4　国土交通大臣又は都道府県知事は、第1項の規定により、業務の停止を命じ、又は免許を取り消そうとするときは、それぞれ中央建築士審査会又は都道府県建築士審査会の同意を得なければならない。
5　国土交通大臣又は都道府県知事は、第1項の規定による処分をしたときは、国土交通省令で定めるところにより、その旨を公告しなければならない。
6　国土交通大臣又は都道府県知事は、第3項の規定により出頭を求めた参考人に対して、政令の定めるところにより、旅費、日当その他の費用を支給しなければならない。

（合格の取消し等）

第13条の2　国土交通大臣は不正の手段によつて一級建築士試験を受け、又は受けようとした者に対して、都道府県知事は不正の手段によつて二級建築士試験又は木造建築士試験を受け、又は受けようとした者に対して、合格の決定を取り消し、又は当該受けようとした試験を受けることを禁止することができる。
2　第15条の2第1項に規定する中央指定試験機関にあつては前項に規定する国土交通大臣の職権を、第15条の6第1項に規定する都道府県指定試験機関にあつては前項に規定する都道府県知事の職権を行うことができる。
3　国土交通大臣又は都道府県知事は、前2項の規定による処分を受けた者に対し、3年以内の期間を定めて一級建築士試験又は二級建築士試験若しくは木造建築士試験を受けることができないものとすることができる。

（設計及び工事監理）

第18条　建築士は、設計を行う場合においては、設計に係る建築物が法令又は条例の定める建築物に関する基準に適合するようにしなければならない。
2　建築士は、設計を行う場合においては、設計の委託者に対し、設計の内容に関して適切な説明を行うように努めなければならない。
3　建築士は、工事監理を行う場合において、工事が設計図書のとおりに実施されていないと認めるときは、直ちに、工事施工者に対して、その旨を指摘し、当該工事を設計図書のとおりに実施するよう求め、当該工事施工者がこれに従わないときは、その旨を建築主に報告しなければならない。

（設計の変更）

第19条　一級建築士、二級建築士又は木造建築士は、他の一級建築士、二級建築士又は木造建築士の設計した設計図書の一部を変更しようとするときは、当該一級建築士、二級建築士又は木造建築士の承諾を求めなければならない。ただし、承諾を求めることのできない事由があるとき、又は承諾が得られなかつたときは、自己の責任において、その設計図書の一部を変更することができる。

（業務に必要な表示行為）

第20条　一級建築士、二級建築士又は木造建築士は、設計を行つた場合においては、その設計図書に一級建築士、二級建築士又は木造建築士である旨の表示をして記名及び押印をしなければならない。設計図書の一部を変更した場合も同様とする。
2　一級建築士、二級建築士又は木造建築士は、構造計算によつて建築物の安全性を確かめた場合において

は、遅滞なく、国土交通省令で定めるところにより、その旨の証明書を設計の委託者に交付しなければならない。ただし、次条第1項又は第2項の規定の適用がある場合は、この限りでない。

3　建築士は、工事監理を終了したときは、直ちに、国土交通省令で定めるところにより、その結果を文書で建築主に報告しなければならない。

4　建築士は、前項の規定による文書での報告に代えて、政令で定めるところにより、当該建築主の承諾を得て、当該結果を電子情報処理組織を使用する方法その他の情報通信の技術を利用する方法であつて国土交通省令で定めるものにより報告することができる。この場合において、当該建築士は、当該文書での報告をしたものとみなす。

5　建築士は、大規模の建築物その他の建築物の建築設備に係る設計又は工事監理を行う場合において、建築設備に関する知識及び技能につき国土交通大臣が定める資格を有する者の意見を聴いたときは、第1項の規定による設計図書又は第3項の規定による報告書（前項前段に規定する方法により報告が行われた場合にあつては、当該報告の内容）において、その旨を明らかにしなければならない。

（違反行為の指示等の禁止）

第21条の3　建築士は、建築基準法の定める建築物に関する基準に適合しない建築物の建築その他のこの法律若しくは建築物の建築に関する他の法律又はこれらに基づく命令若しくは条例の規定に違反する行為について指示をし、相談に応じ、その他これらに類する行為をしてはならない。

（信用失墜行為の禁止）

第21条の4　建築士は、建築士の信用又は品位を害するような行為をしてはならない。

（知識及び技能の維持向上）

第22条　建築士は、設計及び工事監理に必要な知識及び技能の維持向上に努めなければならない。

2　国土交通大臣及び都道府県知事は、設計及び工事監理に必要な知識及び技能の維持向上を図るため、必要な情報及び資料の提供その他の措置を講ずるものとする。

（登録の実施）

第23条の3　都道府県知事は、前条の規定による登録の申請があつた場合においては、次条の規定により登録を拒否する場合を除くほか、遅滞なく、前条各号に掲げる事項及び登録年月日、登録番号その他国土交通省令で定める事項を一級建築士事務所登録簿、二級建築士事務所登録簿又は木造建築士事務所登録簿（以下「登録簿」という。）に登録しなければならない。

2　都道府県知事は、前項の規定による登録をした場合においては、直ちにその旨を当該登録申請者に通知しなければならない。

（変更の届出）

第23条の5　第23条の3第1項の規定により建築士事務所について登録を受けた者（以下「建築士事務所の開設者」という。）は、第23条の2第1号又は第3号から第5号までに掲げる事項について変更があつたときは、2週間以内に、その旨を当該都道府県知事に届け出なければならない。

2　第23条の3第1項及び前条の規定は、前項の規定による変更の届出があつた場合に準用する。

（無登録業務の禁止）

第23条の10　建築士は、第23条の3第1項の規定による登録を受けないで、他人の求めに応じ報酬を得て、設計等を業として行つてはならない。

2　何人も、第23条の3第1項の規定による登録を受けないで、建築士を使用して、他人の求めに応じ報酬を得て、設計等を業として行つてはならない。

（建築士事務所の管理）

第24条　建築士事務所の開設者は、一級建築士事務所、二級建築士事務所又は木造建築士事務所ごとに、そ

れぞれ当該一級建築士事務所、二級建築士事務所又は木造建築士事務所を管理する専任の一級建築士、二級建築士又は木造建築士を置かなければならない。
2　前項の規定により置かれる建築士事務所を管理する建築士（以下「管理建築士」という。）は、建築士として3年以上の設計その他の国土交通省令で定める業務に従事した後、第26条の5第1項の規定及び同条第2項において準用する第10条の23から第10条の25までの規定の定めるところにより国土交通大臣の登録を受けた者（以下この章において「登録講習機関」という。）が行う別表第3講習の欄に掲げる講習の課程を修了した建築士でなければならない。
3　管理建築士は、その建築士事務所の業務に係る技術的事項を総括し、その者と建築士事務所の開設者が異なる場合においては、建築士事務所の開設者に対し、技術的観点からその業務が円滑かつ適正に行われるよう必要な意見を述べるものとする。

（名義貸しの禁止）

第24条の2　建築士事務所の開設者は、自己の名義をもつて、他人に建築士事務所の業務を営ませてはならない。

（再委託の制限）

第24条の3　建築士事務所の開設者は、委託者の許諾を得た場合においても、委託を受けた設計又は工事監理の業務を建築士事務所の開設者以外の者に委託してはならない。
2　建築士事務所の開設者は、委託者の許諾を得た場合においても、委託を受けた設計又は工事監理（いずれも共同住宅その他の多数の者が利用する建築物で政令で定めるものであつて政令で定める規模以上のものの新築工事に係るものに限る。）の業務を、それぞれ一括して他の建築士事務所の開設者に委託してはならない。

（帳簿の備付け等及び図書の保存）

第24条の4　建築士事務所の開設者は、国土交通省令で定めるところにより、その建築士事務所の業務に関する事項で国土交通省令で定めるものを記載した帳簿を備え付け、これを保存しなければならない。
2　前項に定めるもののほか、建築士事務所の開設者は、国土交通省令で定めるところにより、その建築士事務所の業務に関する図書で国土交通省令で定めるものを保存しなければならない。

（重要事項の説明等）

第24条の7　建築士事務所の開設者は、設計又は工事監理の委託を受けることを内容とする契約（以下それぞれ「設計受託契約」又は「工事監理受託契約」という。）を建築主と締結しようとするときは、あらかじめ、当該建築主に対し、管理建築士その他の当該建築士事務所に属する建築士（次項において「管理建築士等」という。）をして、設計受託契約又は工事監理受託契約の内容及びその履行に関する次に掲げる事項について、これらの事項を記載した書面を交付して説明をさせなければならない。
一　設計受託契約にあつては、作成する設計図書の種類
二　工事監理受託契約にあつては、工事と設計図書との照合の方法及び工事監理の実施の状況に関する報告の方法
三　当該設計又は工事監理に従事することとなる建築士の氏名及びその者の一級建築士、二級建築士又は木造建築士の別並びにその者が構造設計一級建築士又は設備設計一級建築士である場合にあつては、その旨
四　報酬の額及び支払の時期
五　契約の解除に関する事項
六　前各号に掲げるもののほか、国土交通省令で定める事項
2　管理建築士等は、前項の説明をするときは、当該建築主に対し、一級建築士免許証、二級建築士免許証

若しくは木造建築士免許証又は一級建築士免許証明書、二級建築士免許証明書若しくは木造建築士免許証明書を提示しなければならない。

（書面の交付）

第24条の8 建築士事務所の開設者は、設計受託契約又は工事監理受託契約を締結したときは、遅滞なく、国土交通省令で定めるところにより、次に掲げる事項を記載した書面を当該委託者に交付しなければならない。

一　前条第1項各号に掲げる事項

二　設計又は工事監理の種類及び内容（前号に掲げる事項を除く。）

三　設計又は工事監理の実施の期間及び方法（第1号に掲げる事項を除く。）

四　前3号に掲げるもののほか、設計受託契約又は工事監理受託契約の内容及びその履行に関する事項で国土交通省令で定めるもの

2　第20条第4項の規定は、前項の規定による書面の交付について準用する。この場合において、同条第4項中「建築士」とあるのは「建築士事務所の開設者」と、「建築主」とあるのは「委託者」と、「当該結果」とあるのは「当該書面に記載すべき事項」と、「報告する」とあるのは「通知する」と、「文書での報告をした」とあるのは「書面を交付した」と読み替えるものとする。

（監督処分）

第26条　都道府県知事は、建築士事務所の開設者が次の各号のいずれかに該当する場合においては、当該建築士事務所の登録を取り消さなければならない。

一　虚偽又は不正の事実に基づいて第23条の3第1項の規定による登録を受けたとき。

二　第23条の4第1項第1号、第2号、第5号（同号に規定する未成年者でその法定代理人（法定代理人が法人である場合においては、その役員を含む。）が同項第4号に該当するものに係る部分を除く。）、第6号（法人でその役員のうちに同項第4号に該当する者のあるものに係る部分を除く。）又は第7号のいずれかに該当するに至つたとき。

三　第23条の7の規定による届出がなくて同条各号に掲げる場合のいずれかに該当する事実が判明したとき。

2　都道府県知事は、建築士事務所につき次の各号のいずれかに該当する事実がある場合においては、当該建築士事務所の開設者に対し、戒告し、若しくは1年以内の期間を定めて当該建築士事務所の閉鎖を命じ、又は当該建築士事務所の登録を取り消すことができる。

一　建築士事務所の開設者が第23条の4第2項各号のいずれかに該当するに至つたとき。

二　建築士事務所の開設者が第23条の5第1項の規定による変更の届出をせず、又は虚偽の届出をしたとき。

三　建築士事務所の開設者が第24条の2から第24条の8までの規定のいずれかに違反したとき。

四　管理建築士が第10条第1項の規定による処分を受けたとき。

五　建築士事務所に属する建築士が、その属する建築士事務所の業務として行つた行為を理由として、第10条第1項の規定による処分を受けたとき。

六　管理建築士である二級建築士又は木造建築士が、第3条第1項若しくは第3条の2第1項の規定又は同条第3項の規定に基づく条例の規定に違反して、建築物の設計又は工事監理をしたとき。

七　建築士事務所に属する二級建築士又は木造建築士が、その属する建築士事務所の業務として、第3条第1項若しくは第3条の2第1項の規定又は同条第3項の規定に基づく条例の規定に違反して、建築物の設計又は工事監理をしたとき。

八　建築士事務所に属する者で建築士でないものが、その属する建築士事務所の業務として、第3条第

1項、第3条の2第1項若しくは第3条の3第1項の規定又は第3条の2第3項（第3条の3第2項において読み替えて準用する場合を含む。）の規定に基づく条例の規定に違反して、建築物の設計又は工事監理をしたとき。
　九　建築士事務所の開設者又は管理建築士がこの法律の規定に基づく都道府県知事の処分に違反したとき。
　十　前各号に掲げるもののほか、建築士事務所の開設者がその建築士事務所の業務に関し不正な行為をしたとき。
3　都道府県知事は、前項の規定により建築士事務所の閉鎖を命じようとするときは、行政手続法第13条第1項の規定による意見陳述のための手続の区分にかかわらず、聴聞を行わなければならない。
4　第10条第3項、第4項及び第6項の規定は都道府県知事が第1項若しくは第2項の規定により建築士事務所の登録を取り消し、又は同項の規定により建築士事務所の閉鎖を命ずる場合について、同条第5項の規定は都道府県知事が第1項又は第2項の規定による処分をした場合について、それぞれ準用する。

第38条　次の各号のいずれかに該当する者は、1年以下の懲役又は100万円以下の罰金に処する。
　一　一級建築士、二級建築士又は木造建築士の免許を受けないで、それぞれその業務を行う目的で一級建築士、二級建築士又は木造建築士の名称を用いた者
　二　虚偽又は不正の事実に基づいて一級建築士、二級建築士又は木造建築士の免許を受けた者
　三　第3条第1項（同条第2項の規定により適用される場合を含む。）、第3条の2第1項（同条第2項において準用する第3条第2項の規定により適用される場合を含む。）若しくは第3条の3第1項（同条第2項において準用する第3条第2項の規定により適用される場合を含む。）の規定又は第3条の2第3項（第3条の3第2項において読み替えて準用する場合を含む。）の規定に基づく条例の規定に違反して、建築物の設計又は工事監理をした者
　四　第10条第1項の規定による業務停止命令に違反した者
　五　第10条の36第2項（第22条の3第2項及び第26条の5第2項において準用する場合を含む。）の規定による講習事務（第10条の22に規定する講習事務、第22条の3第2項において読み替えて準用する第10条の24第1項第1号に規定する講習事務及び第26条の5第2項において読み替えて準用する第10条の24第1項第1号に規定する講習事務をいう。第41条第5号において同じ。）の停止の命令に違反した者
　六　第20条第2項の規定に違反して、構造計算によつて建築物の安全性を確かめた場合でないのに、同項の証明書を交付した者
　七　第21条の2の規定に違反した者
　八　虚偽又は不正の事実に基づいて第23条の3第1項の規定による登録を受けた者
　九　第23条の10第1項又は第2項の規定に違反した者
　十　第24条第1項の規定に違反した者
　十一　第24条の2の規定に違反して、他人に建築士事務所の業務を営ませた者
　十二　第26条第2項の規定による建築士事務所の閉鎖命令に違反した者
　十三　第32条の規定に違反して、事前に試験問題を漏らし、又は不正の採点をした者

第39条　次の各号のいずれかに該当する者は、1年以下の懲役又は100万円以下の罰金に処する。
　一　第10条の8第1項（第10条の20第3項、第15条の5第1項、第15条の6第3項及び第26条の3第3項において読み替えて準用する場合を含む。）の規定に違反した者
　二　第15条の4（第15条の6第3項において準用する場合を含む。）の規定に違反して、不正の採点をした者

第40条 第10条の16第2項（第10条の20第3項、第15条の5第1項、第15条の6第3項及び第26条の3第3項において読み替えて準用する場合を含む。）の規定による一級建築士登録等事務、二級建築士等登録事務、一級建築士試験事務、二級建築士等試験事務又は事務所登録等事務の停止の命令に違反したときは、その違反行為をした中央指定登録機関、都道府県指定登録機関、中央指定試験機関、都道府県指定試験機関又は指定事務所登録機関の役員又は職員（第42条において「中央指定登録機関等の役員等」という。）は、1年以下の懲役又は100万円以下の罰金に処する。

第41条 次の各号のいずれかに該当する者は、30万円以下の罰金に処する。

一　第10条の31（第22条の3第2項及び第26条の5第2項において準用する場合を含む。）の規定に違反して、帳簿を備え付けず、帳簿に記載せず、若しくは帳簿に虚偽の記載をし、又は帳簿を保存しなかつた者

二　第10条の34第1項（第22条の3第2項及び第26条の5第2項において準用する場合を含む。以下この条において同じ。）の規定による報告をせず、又は虚偽の報告をした者

三　第10条の34第1項の規定による検査を拒み、妨げ、又は忌避した者

四　第10条の34第1項の規定による質問に対して答弁せず、又は虚偽の答弁をした者

五　第10条の35第1項（第22条の3第2項及び第26条の5第2項において準用する場合を含む。）の規定による届出をしないで講習事務の全部を廃止し、又は虚偽の届出をした者

六　第23条の5第1項の規定による変更の届出をせず、又は虚偽の届出をした者

七　第23条の6の規定に違反して、設計等の業務に関する報告書を提出せず、又は虚偽の記載をして設計等の業務に関する報告書を提出した者

八　第24条の4第1項の規定に違反して、帳簿を備え付けず、帳簿に記載せず、若しくは帳簿に虚偽の記載をし、又は帳簿を保存しなかつた者

九　第24条の4第2項の規定に違反して、図書を保存しなかつた者

十　第24条の5の規定に違反して、標識を掲げなかつた者

十一　第24条の6の規定に違反して、書類を備え置かず、若しくは設計等を委託しようとする者の求めに応じて閲覧させず、又は虚偽の記載のある書類を備え置き、若しくは設計等を委託しようとする者に閲覧させた者

十二　第24条の8第1項の規定に違反して、書面を交付せず、又は虚偽の記載のある書面を交付した者

十三　第26条の2第1項の規定による報告をせず、若しくは虚偽の報告をし、又は同項の規定による立入り若しくは検査を拒み、妨げ、若しくは忌避した者

十四　第27条の4第2項の規定に違反して、その名称中に建築士事務所協会会員という文字を用いた者

十五　第34条の規定に違反した者（第38条第1号に該当する者を除く。）

第42条 次の各号のいずれかに該当するときは、その違反行為をした中央指定登録機関等の役員等は、30万円以下の罰金に処する。

一　第10条の11（第10条の20第3項、第15条の5第1項、第15条の6第3項及び第26条の3第3項において読み替えて準用する場合を含む。）の規定に違反して、帳簿を備え付けず、帳簿に記載せず、若しくは帳簿に虚偽の記載をし、又は帳簿を保存しなかつたとき。

二　第10条の13第1項（第10条の20第3項、第15条の5第1項、第15条の6第3項及び第26条の3第3項において読み替えて準用する場合を含む。以下この条において同じ。）の規定による報告をせず、又は虚偽の報告をしたとき。

三　第10条の13第1項の規定による検査を拒み、妨げ、又は忌避したとき。

四　第10条の13第1項の規定による質問に対して答弁せず、又は虚偽の答弁をしたとき。

五　第10条の15第1項（第10条の20第3項、第15条の5第1項、第15条の6第3項及び第26条の3第3項において読み替えて準用する場合を含む。）の許可を受けないで一級建築士登録等事務、二級建築士等登録事務、一級建築士試験事務、二級建築士等試験事務又は事務所登録等事務の全部を廃止したとき。

第43条　法人の代表者又は法人若しくは人の代理人、使用人その他の従業者が、その法人又は人の業務に関し、第38条（第13号を除く。）又は第41条の違反行為をしたときは、その行為者を罰するほか、その法人又は人に対しても各本条の罰金刑を科する。

第44条　次の各号のいずれかに該当する者は、10万円以下の過料に処する。

　　一　第5条第3項（第10条の19第1項及び第10条の21第1項の規定により読み替えて適用される場合を含む。）、第8条の2、第10条の2第4項（第10条の19第1項の規定により読み替えて適用される場合を含む。）、第23条の7（第26条の4第1項の規定により読み替えて適用される場合を含む。）又は第24条の7第2項の規定に違反した者

　　二　第10条の27第2項（第22条の3第2項及び第26条の5第2項において準用する場合を含む。）の規定による届出をせず、又は虚偽の届出をした者

　　三　第10条の30第1項（第22条の3第2項及び第26条の5第2項において準用する場合を含む。）の規定に違反して、財務諸表等を備えて置かず、財務諸表等に記載すべき事項を記載せず、若しくは虚偽の記載をし、又は正当な理由がないのに第10条の30第2項各号（第22条の3第2項及び第26条の5第2項において準用する場合を含む。）の請求を拒んだ者

　　四　第27条の4第1項の規定に違反して、その名称中に建築士事務所協会又は建築士事務所協会連合会という文字を用いた者

建築基準法 （抜粋）

昭和25年5月24日法律第201号
最終改正　平成25年6月14日法律第 44号

（建築物の設計及び工事監理）

第5条の4　建築士法第3条第1項（同条第2項の規定により適用される場合を含む。以下同じ。）、第3条の2第1項（同条第2項において準用する同法第3条第2項の規定により適用される場合を含む。以下同じ。）若しくは第3条の3第1項（同条第2項において準用する同法第3条第2項の規定により適用される場合を含む。以下同じ。）に規定する建築物又は同法第3条の2第3項（同法第3条の3第2項において読み替えて準用する場合を含む。以下同じ。）の規定に基づく条例に規定する建築物の工事は、それぞれ当該各条に規定する建築士の設計によらなければ、することができない。

2　建築士法第2条第6項に規定する構造設計図書による同法第20条の2第1項の建築物の工事は、構造設計一級建築士の構造設計（同法第2条第6項に規定する構造設計をいう。以下この項及び次条第3項第2号において同じ。）又は当該建築物が構造関係規定に適合することを構造設計一級建築士が確認した構造設計によらなければ、することができない。

3　建築士法第2条第6項に規定する設備設計図書による同法第20条の3第1項の建築物の工事は、設備設計一級建築士の設備設計（同法第2条第6項に規定する設備設計をいう。以下この項及び次条第3項第3号において同じ。）又は当該建築物が設備関係規定に適合することを設備設計一級建築士が確認した設備設計によらなければ、することができない。

4　建築主は、第1項に規定する工事をする場合においては、それぞれ建築士法第3条第1項、第3条の2第1項若しくは第3条の3第1項に規定する建築士又は同法第3条の2第3項の規定に基づく条例に規定する建築士である工事監理者を定めなければならない。

5　前項の規定に違反した工事は、することができない。

（報告、検査等）

第12条　第6条第1項第1号に掲げる建築物その他政令で定める建築物（国、都道府県及び建築主事を置く市町村の建築物を除く。）で特定行政庁が指定するものの所有者（所有者と管理者が異なる場合においては、管理者。第3項において同じ。）は、当該建築物の敷地、構造及び建築設備について、国土交通省令で定めるところにより、定期に、一級建築士若しくは二級建築士又は国土交通大臣が定める資格を有する者にその状況の調査（当該建築物の敷地及び構造についての損傷、腐食その他の劣化の状況の点検を含み、当該建築物の建築設備についての第3項の検査を除く。）をさせて、その結果を特定行政庁に報告しなければならない。

2　国、都道府県又は建築主事を置く市町村の建築物（第6条第1項第1号に掲げる建築物その他前項の政令で定める建築物に限る。）の管理者である国、都道府県若しくは市町村の機関の長又はその委任を受けた者（以下この章において「国の機関の長等」という。）は、当該建築物の敷地及び構造について、国土交通省令で定めるところにより、定期に、一級建築士若しくは二級建築士又は同項の資格を有する者に、損傷、腐食その他の劣化の状況の点検をさせなければならない。

3　昇降機及び第6条第1項第1号に掲げる建築物その他第1項の政令で定める建築物の昇降機以外の建築設備（国、都道府県及び建築主事を置く市町村の建築物に設けるものを除く。）で特定行政庁が指定するものの所有者は、当該建築設備について、国土交通省令で定めるところにより、定期に、一級建築士若しくは二級建築士又は国土交通大臣が定める資格を有する者に検査（当該建築設備についての損傷、腐食そ

の他の劣化の状況の点検を含む。）をさせて、その結果を特定行政庁に報告しなければならない。

4　国の機関の長等は、国、都道府県又は建築主事を置く市町村の建築物の昇降機及び国、都道府県又は建築主事を置く市町村の建築物（第6条第1項第1号に掲げる建築物その他第1項の政令で定める建築物に限る。）の昇降機以外の建築設備について、国土交通省令で定めるところにより、定期に、一級建築士若しくは二級建築士又は前項の資格を有する者に、損傷、腐食その他の劣化の状況の点検をさせなければならない。

5　特定行政庁、建築主事又は建築監視員は、次に掲げる者に対して、建築物の敷地、構造、建築設備若しくは用途又は建築物に関する工事の計画若しくは施工の状況に関する報告を求めることができる。
　一　建築物若しくは建築物の敷地の所有者、管理者若しくは占有者、建築主、設計者、工事監理者又は工事施工者
　二　第1項の調査、第2項若しくは前項の点検又は第3項の検査をした一級建築士若しくは二級建築士又は第1項若しくは第3項の資格を有する者
　三　第77条の21第1項の指定確認検査機関
　四　第77条の35の5第1項の指定構造計算適合性判定機関

6　建築主事又は特定行政庁の命令若しくは建築主事の委任を受けた当該市町村若しくは都道府県の職員にあつては第6条第4項、第6条の2第11項、第7条第4項、第7条の3第4項、第9条第1項、第10項若しくは第13項、第10条第1項から第3項まで、前条第1項又は第90条の2第1項の規定の施行に必要な限度において、建築監視員にあつては第九条第10項の規定の施行に必要な限度において、当該建築物、建築物の敷地又は建築工事場に立ち入り、建築物、建築物の敷地、建築設備、建築材料、設計図書その他建築物に関する工事に関係がある物件を検査し、若しくは試験し、又は建築物若しくは建築物の敷地の所有者、管理者若しくは占有者、建築主、設計者、工事監理者若しくは工事施工者に対し必要な事項について質問することができる。ただし、住居に立ち入る場合においては、あらかじめ、その居住者の承諾を得なければならない。

7　特定行政庁は、確認その他の建築基準法令の規定による処分並びに第1項及び第3項の規定による報告に係る建築物の敷地、構造、建築設備又は用途に関する台帳を整備し、かつ、当該台帳（当該処分及び当該報告に関する書類で国土交通省令で定めるものを含む。）を保存しなければならない。

8　前項の台帳の記載事項その他その整備に関し必要な事項及び当該台帳（同項の国土交通省令で定める書類を含む。）の保存期間その他その保存に関し必要な事項は、国土交通省令で定める。

（長屋又は共同住宅の各戸の界壁）

第30条　長屋又は共同住宅の各戸の界壁は、小屋裏又は天井裏に達するものとするほか、その構造を遮音性能（隣接する住戸からの日常生活に伴い生ずる音を衛生上支障がないように低減するために界壁に必要とされる性能をいう。）に関して政令で定める技術的基準に適合するもので、国土交通大臣が定めた構造方法を用いるもの又は国土交通大臣の認定を受けたものとしなければならない。

第98条　次の各号のいずれかに該当する者は、3年以下の懲役又は300万円以下の罰金に処する。
　一　第9条第1項又は第10項前段（これらの規定を第88条第1項から第3項まで又は第90条第3項において準用する場合を含む。）の規定による特定行政庁又は建築監視員の命令に違反した者
　二　第20条（第1号から第3号までに係る部分に限る。）、第21条、第26条、第27条、第35条又は第35条の2の規定に違反した場合における当該建築物又は建築設備の設計者（設計図書を用いないで工事を施工し、又は設計図書に従わないで工事を施工した場合においては、当該建築物又は建築設備の工事施工者）
　三　第36条（防火壁及び防火区画の設置及び構造に係る部分に限る。）の規定に基づく政令の規定に違反

した場合における当該建築物の設計者（設計図書を用いないで工事を施工し、又は設計図書に従わないで工事を施工した場合においては、当該建築物の工事施工者）

四　第87条第3項において準用する第27条、第35条又は第35条の2の規定に違反した場合における当該建築物の所有者、管理者又は占有者

五　第87条第3項において準用する第36条（防火壁及び防火区画の設置及び構造に関して、第35条の規定を実施し、又は補足するために安全上及び防火上必要な技術的基準に係る部分に限る。）の規定に基づく政令の規定に違反した場合における当該建築物の所有者、管理者又は占有者

2　前項第2号又は第3号に規定する違反があつた場合において、その違反が建築主又は建築設備の設置者の故意によるものであるときは、当該設計者又は工事施工者を罰するほか、当該建築主又は建築設備の設置者に対して同項の刑を科する。

建設業法 （抜粋）

昭和24年5月24日法律第100号
最終改正　平成25年6月14日法律第44号

（定義）

第2条　この法律において「建設工事」とは、土木建築に関する工事で別表第一の上欄に掲げるものをいう。

2　この法律において「建設業」とは、元請、下請その他いかなる名義をもつてするかを問わず、建設工事の完成を請け負う営業をいう。

3　この法律において「建設業者」とは、第3条第1項の許可を受けて建設業を営む者をいう。

4　この法律において「下請契約」とは、建設工事を他の者から請け負つた建設業を営む者と他の建設業を営む者との間で当該建設工事の全部又は一部について締結される請負契約をいう。

5　この法律において「発注者」とは、建設工事（他の者から請け負つたものを除く。）の注文者をいい、「元請負人」とは、下請契約における注文者で建設業者であるものをいい、「下請負人」とは、下請契約における請負人をいう。

（建設工事の請負契約の内容）

第19条　建設工事の請負契約の当事者は、前条の趣旨に従つて、契約の締結に際して次に掲げる事項を書面に記載し、署名又は記名押印をして相互に交付しなければならない。

一　工事内容

二　請負代金の額

三　工事着手の時期及び工事完成の時期

四　請負代金の全部又は一部の前金払又は出来形部分に対する支払の定めをするときは、その支払の時期及び方法

五　当事者の一方から設計変更又は工事着手の延期若しくは工事の全部若しくは一部の中止の申出があつた場合における工期の変更、請負代金の額の変更又は損害の負担及びそれらの額の算定方法に関する定め

六　天災その他不可抗力による工期の変更又は損害の負担及びその額の算定方法に関する定め

七　価格等（物価統制令（昭和21年勅令第118号）第2条に規定する価格等をいう。）の変動若しくは変更に基づく請負代金の額又は工事内容の変更

八　工事の施工により第三者が損害を受けた場合における賠償金の負担に関する定め

九　注文者が工事に使用する資材を提供し、又は建設機械その他の機械を貸与するときは、その内容及び方法に関する定め

十　注文者が工事の全部又は一部の完成を確認するための検査の時期及び方法並びに引渡しの時期

十一　工事完成後における請負代金の支払の時期及び方法

十二　工事の目的物の瑕疵を担保すべき責任又は当該責任の履行に関して講ずべき保証保険契約の締結その他の措置に関する定めをするときは、その内容

十三　各当事者の履行の遅滞その他債務の不履行の場合における遅延利息、違約金その他の損害金

十四　契約に関する紛争の解決方法

2　請負契約の当事者は、請負契約の内容で前項に掲げる事項に該当するものを変更するときは、その変更の内容を書面に記載し、署名又は記名押印をして相互に交付しなければならない。

3　建設工事の請負契約の当事者は、前2項の規定による措置に代えて、政令で定めるところにより、当該契約の相手方の承諾を得て、電子情報処理組織を使用する方法その他の情報通信の技術を利用する方法であつて、当該各項の規定による措置に準ずるものとして国土交通省令で定めるものを講ずることができる。この場合において、当該国土交通省令で定める措置を講じた者は、当該各項の規定による措置を講じたものとみなす。

（工事監理に関する報告）

第23条の2　請負人は、その請け負つた建設工事の施工について建築士法（昭和25年法律第202号）第18条第3項の規定により建築士から工事を設計図書のとおりに実施するよう求められた場合において、これに従わない理由があるときは、直ちに、第19条の2第2項の規定により通知された方法により、注文者に対して、その理由を報告しなければならない。

都道府県建築士会・事務局所在地

(平成25年11月7日現在)

(公社) 日本建築士会連合会	108-0014	東京都港区芝5-26-20　建築会館	03 (3456) 2061
(一社) 北海道建築士会	060-0042	札幌市中央区大通西5-11　大五ビル6F	011 (251) 6076
(一社) 青森県建築士会	030-0803	青森市安方2-9-13　青森県建設会館	017 (773) 2878
(一社) 岩手県建築士会	020-0887	盛岡市上ノ橋町1-50　岩繊ビル	019 (654) 5777
(一社) 宮城県建築士会	983-0861	仙台市宮城野区鉄砲町93　宮城県建設業国民健康保険組合会館5F	022 (298) 8037
(一社) 秋田県建築士会	010-0951	秋田市山王1-7-3　山王ウエスタンビル3F	018 (863) 6348
(一社) 山形県建築士会	990-0825	山形市城北町1-12-26　山形建築会館3階	023 (643) 4568
(社) 福島県建築士会	960-8043	福島市中町4-20　みんゆうビル	024 (523) 1532
(一社) 茨城県建築士会	310-0852	水戸市笠原町978-30　建築会館2F	029 (305) 0329
(一社) 栃木県建築士会	321-0933	宇都宮市簗瀬町1958-1　栃木県建設産業会館	028 (639) 3150
(一社) 群馬建築士会	371-0846	前橋市元総社町2-5-3　群馬建設会館	027 (252) 2434
(社) 埼玉建築士会	336-0031	さいたま市南区鹿手袋4-1-7　埼玉建産連会館	048 (861) 8221
(一社) 千葉県建築士会	260-0013	千葉市中央区中央4-8-5　建築会館4F	043 (202) 2100
(一社) 東京建築士会	104-6204	東京都中央区晴海1-8-12　晴海アイランドトリトンスクエアオフィスタワーZ4F	03 (3536) 7711
(一社) 神奈川県建築士会	231-0011	横浜市中区太田町2-22　神奈川県建設会館	045 (201) 1284
(一社) 山梨県建築士会	400-0031	甲府市丸ノ内1-14-19　山梨県建設業協同組合会館1階	055 (233) 5414
(一社) 長野県建築士会	380-0872	長野市妻科426-1　長野県建築士会館	026 (235) 0561
(一社) 新潟県建築士会	950-0965	新潟市中央区新光町15-2　新潟県公社総合ビル3F	025 (378) 5666
(公社) 静岡県建築士会	420-0857	静岡市葵区御幸町9-9　静岡県建設業会館	054 (254) 9381
(公社) 愛知建築士会	460-0008	名古屋市中区栄4-3-26　昭和ビル	052 (261) 1451
(公社) 岐阜県建築士会	500-8384	岐阜市薮田南5-14-12　岐阜県シンクタンク庁舎4階	058 (215) 9361
(社) 三重県建築士会	514-0003	津市桜橋2-177-2　三重県建設産業会館	059 (226) 0109
(公社) 富山県建築士会	930-0094	富山市安住町7-1　富山県建築設計会館	076 (482) 4446
(一社) 石川県建築士会	921-8036	金沢市弥生2-1-23　石川県建設総合センター	076 (244) 2241
(一社) 福井県建築士会	910-0854	福井市御幸3-10-15　福井県建設会館	0776 (24) 8781
(公社) 滋賀県建築士会	520-0801	大津市におの浜1-1-18　滋賀県建設会館	077 (522) 1615
(一社) 京都府建築士会	604-0944	京都市中京区押小路通柳馬場東入橘町641　京都建設会館別館	075 (211) 2857
(公社) 大阪府建築士会	540-0012	大阪市中央区谷町3-1-17　高田屋大手前ビル5F	06 (6947) 1961
(公社) 兵庫県建築士会	650-0011	神戸市中央区下山手通4-6-11　エクセル山手2F	078 (327) 0885
(一社) 奈良県建築士会	630-8115	奈良市大宮町2-5-7　奈良県建築士会館	0742 (30) 3111
(一社) 和歌山県建築士会	640-8045	和歌山市卜半町38　和歌山県建築士会館	073 (423) 2562
(一社) 鳥取県建築士会	680-0912	鳥取市商栄町195番地　大和ホール	0857 (21) 7280
(一社) 島根県建築士会	690-0883	松江市北田町35-3　建築会館	0852 (24) 2620
(一社) 岡山県建築士会	700-0824	岡山市北区内山下1-3-19	086 (223) 6671
(公社) 広島県建築士会	730-0052	広島市中区千田町3-7-47　広島県情報プラザ5F	082 (244) 6830
(一社) 山口県建築士会	753-0072	山口市大手町3-8　山口県建築士会館	083 (922) 5114
(社) 徳島県建築士会	770-0931	徳島市富田浜2-10　徳島県建設センター	088 (653) 7570
(一社) 香川県建築士会	760-0018	高松市天神前6-34　村瀬ビル	087 (833) 5377
(公社) 愛媛県建築士会	790-0002	松山市二番町4-1-5　愛媛県建築士会館	089 (945) 6100
(社) 高知県建築士会	780-0870	高知市本町4-2-15　建設会館	088 (822) 0255
(公社) 福岡県建築士会	812-0013	福岡市博多区博多駅東3-14-18　福岡建設会館	092 (441) 1867
(一社) 佐賀県建築士会	840-0041	佐賀市城内2-2-37　佐賀県建設会館	0952 (26) 2198
(一社) 長崎県建築士会	850-0036	長崎市五島町5-34　トーカンマンション713号室	095 (828) 0753
(一社) 熊本県建築士会	862-0954	熊本市中央区神水1-3-7　熊本県建築士会館	096 (383) 3200
(公社) 大分県建築士会	870-0045	大分市城崎町1-3-31　富士火災大分ビル3階	097 (532) 6607
(社) 宮崎県建築士会	880-0802	宮崎市別府町2-12　宮崎建友会館3F	0985 (27) 3425
(公社) 鹿児島県建築士会	892-0838	鹿児島市新屋敷町16-301　県公社ビル326号	099 (222) 2005
(公社) 沖縄県建築士会	901-2101	浦添市西原1-4-26　沖縄建築会館	098 (879) 7727

※平成26年4月1日より、徳島県建築士会並びに高知県建築士会は公益社団法人へ移行されます。

建築士業務責任検討部会　名簿

部会長　後藤　伸一　ゴウ総合計画（株）
委　員　峰政　克義　（公社）日本建築士会連合会顧問
　〃　　山中誠一郎　（株）都市建築設計事務所デザインタンク
　〃　　川﨑　修一　（株）川﨑建築計画事務所

『建築士業務の紛争・保険・処分事例』　執筆者一覧

PART 1　大森　文彦　東洋大学法学部教授・弁護士／一級建築士
PART 2　後藤　伸一　ゴウ総合計画（株）
　〃　　川﨑　修一　（株）川﨑建築計画事務所
PART 3　山中誠一郎　（株）都市建築設計事務所デザインタンク
PART 4　峰政　克義　（公社）日本建築士会連合会顧問

建築士業務の紛争・保険・処分事例

2014年2月28日　第1版第1刷発行

編　著　公益社団法人　日本建築士会連合会
　　　　　　　　　　　建築士業務責任検討部会

発行者　松　林　久　行

発行所　株式会社 大成出版社
　　　　東京都世田谷区羽根木1-7-11
　　　　〒156-0042　電話03(3321)4131(代)
　　　　http://www.taisei-shuppan.co.jp/

©2014　(公社)日本建築士会連合会　　　印刷　信教印刷
　　　　落丁・乱丁はおとりかえいたします。

ISBN978-4-8028-3150-5

関連図書のご案内

建築士の業務　A-book01
編著／(公社)日本建築士会連合会設計等業務調査検討部会
- ■A４判・定価本体3,100円(税別)　■図書コード3077

建築士の業務と報酬算定根拠となる業務の進め方を知る！

四会連合協定　平成21年7月改正の解説書！
建築設計・監理等業務委託契約約款の解説
著／大森文彦・天野禎蔵・後藤伸一
- ■A５判・定価本体3,524円(税別)　■図書コード2899

建築設計・監理業務の報酬基準について、新しい報酬基準(平成21年1月・告示第15号)が公示されました。それに伴い改正された建築設計・監理業務委託契約書類唯一の解説書！

民間(旧四会)連合協定　平成21年5月改正の解説書！
工事請負契約約款の解説
編著／民間(旧四会)連合協定工事請負契約約款委員会
- ■A５判・定価本体3,143円(税別)　■図書コード2900

新しい業務報酬基準(平成21年1月・告示第15号)により「監理者」に関連する条例が見直されました。また、契約書及び同添付書類の改正、制定等が行われました。

新版　建築工事の瑕疵責任入門
著／大森文彦
- ■A５判・定価本体1,800円(税別)　■図書コード9307

平成18年改正の建築基準法、建築士法、建設業法等、平成19年改正の民間(旧四会)連合協定工事請負契約約款などの改正内容を照らして改訂・補充した新版！

建築の著作権入門
著／大森文彦
- ■A５判・定価本体1,800円(税別)　■図書コード9271

建築の設計図書、エスキス、施工図、完成した建築物、土木の工作物などの著作権はどうなっているのか。建築生産実務の必携書！

［専門分野別］　新しい建築士制度の解説
共著／宿本尚吾・大森文彦
- ■A５判・定価本体1,800円(税別)　■図書コード3049

構造設計一級建築士・設備設計一級建築士制度の創設と今後の課題を学ぶ！

新・建築家の法律学入門
著／大森文彦
- ■A５判・定価本体2,200円(税別)　■図書コード3002

建築家・実務者が学ぶための本！設計・工事監理に関する最先端の法律問題を解説！

7つのステップでしっかり学ぶ
よくわかる　建築の監理業務
著／大森文彦　後藤伸一　宿本尚吾
- ■A５判・定価本体1,900円(税別)　■図書コード2952

建築士による建築の「監理」と「工事監理」の業務を徹底的に解説！
あなたの理解度をチェックする「25の設問」を掲載！

株式会社　大成出版社
ご注文はホームページから

〒156-0042　東京都世田谷区羽根木1-7-11
TEL 03-3321-4131　FAX 03-3325-1888
http://www.taisei-shuppan.co.jp/